Aquellos maravillosos años...

Santiago Lou[illegible]ao Martínez, LOU

ISBN:

Primera Edición: Noviembre de 2021

Diseño Portada: Santiago Louzao & JF

A mi hijo Brais

dice

P[illegible]ólogo

Aunque este lib[illegible] surge de ideas, pensamientos, recuerdos, vivencias e in[illegible]nciones que rondaron mi cabeza durante una eternidad, r[illegible]mente fue durante la pandemia del coronavirus donde se[illegible]stó. En la soledad de mi casa, en mi confinamiento, sin a[illegible]nas trabajo por la crisis de mi sector en ese momento, [illegible]ompañado siempre por un buen habano, ron, *whisky*, caf[illegible] tranquilidad. Plasmarlo en estas letras y páginas que vas [illegible]descubrir a continuación fue un proceso que me llevó [illegible]rios años, con sus previsibles pausas de meses por fal[illegible]le motivación e inspiración. Por todo ello quiero dedicar [illegible]te libro a los héroes de aquella barbaridad, los sanitario[illegible]ue se jugaron la vida en primera línea, y a todos los [illegible] cayeron en aquel horroroso combate.

Finalizar 3.º de B.U.P. ([illegible]chillerato Unificado Polivalente) supuso un auténtico logr[illegible] quizá por la enorme presión que me había inculcado mi padre y yo mismo. Creo que incluso llegué a rezar en la iglesia del colegio –era de curas y, por supuesto, la religión no era opcional. La disciplina en los estudios, la religión, los estrictos castigos y ese peso constante sobre nuestras espaldas eran bastante normales en la época, pero bueno, teníamos todo el verano por delante, corrían los años 90…

Ese verano creo que se desató la fiera que todos tenemos dentro y que a algunos les sale demasiado pronto. Quizá a otros no los delate nunca y a los más afortunados les dure la vida entera. Tal vez este último sea mi caso.

Desde luego puedo decir que mi vida, y probablemente la de mis amigos, estuvo marcada por ese verano y sus consecuencias en los años posteriores. Aún hoy en día mi existencia se ve influenciada por aquellos tiempos, que cambiaron radicalmente mi personalidad, mi carácter y hasta mi lugar de residencia. Conoceréis lugares maravillosos e historias formidables de gente que lo entrega todo por nada.

Siempre me sedujo la idea de borrar el dinero de mi lista de prioridades, y eso me permitió vivir más feliz y con más intensidad en muchas circunstancias.

Con dinero puedes comp libros, pero no Cultura, puedes comprar relojes, pero n Tiempo, y por supuesto puedes comprar sexo, pero no A r.

Todos los personaje tramas, fechas, anécdotas, acontecimientos y dem realidades o ficciones que se suceden en este libro den ser ciertas o simplemente parecerse a la verdad. Pu en ser fruto de tu imaginación o regirse por una veracida bsoluta. De ti depende, pero sin ningún género de dud esta historia podría pasarle a cualquiera. Vidas marca por una década que nos cambió a nosotros y en la que osotros hicimos lo propio con nuestros padres. Sumérg en las aventuras de este grupo de amigos con el autor mo protagonista, en su Galicia natal y en la mayor de la ntillas.

Parte I. Marín, Galicia

Capítulo I. [illegible]rimeras salidas

Todo, co[illegible]l diamante, antes que luz es carbón.

José Martí (1853-1895)

Escritor, polític[illegible] periodista, filósofo, poeta y libertador cubano.

Corrían los año[illegible]0... Los protagonistas de esta historia éramos una pa[illegible]la de siete amigos, que para la época era relativamente [illegible]queña. Nuestra generación era bastante más numerosa [illegible] la de ahora, con varios hijos por familia, todos teníamos [illegible] o tres hermanos como mínimo, clases de cuarenta niños [illegible]arias aulas para el mismo curso, 3º A, 3º B y 3º C, que h[illegible]resultan imposibles de imaginar. Fue la última generació[illegible]e aún podríamos considerar del *baby-boom*. Recuerdo m[illegible]os más niños en mi infancia que ahora en los parques y [illegible] plazas. Y sobre todo con más libertad para hacer lo q[illegible]ueríamos, principalmente poner en peligro nuestras vidas [illegible] apenas darnos cuenta.

Viene a mi cabeza uno de nuestros principales «parques lúdicos», un edificio abandonado que estuvo en obras toda mi niñez, creo que aún sigue allí, si no lo derribaron. Íbamos casi a diario a jugar al escondite, de día o de noche, sin luz, una temeridad absoluta. Tenía cinco plantas y las escaleras a medio acabar, sin escalones, a modo de toboganes sin barandillas. Una característica de este parque temático medio derruido era el hueco del ascensor, que era una verdadera trampa mortal. Vamos, que ya lo adelanto, no murió nadie allí de milagro. También nos colábamos en el puerto de mercancías, donde recuerdo con nostalgia enormes montañas de sal por las que nos deslizábamos con «trineos» de fabricación propia. Con diez o doce años íbamos a la base naval, hospitales, obras, barcos pesqueros…; hoy resulta imposible pensar en algo así, incluso en que nuestros hijos entren en un recinto en obras o se cuelen en algún sitio de estos, pero corrían los años 90…

Pocos años más tarde, empezamos a hablar de salir a emborracharnos e ir a la primera fiesta. Obviamente teníamos que ir por la tarde, ya que de noche era imposible –teníamos catorce años y había que estar en casa antes de las 23:00, aunque más de un día volvíamos a esa hora, nos acostábamos y salíamos después a escondidas, mientras nuestros padres dormí Pero de estos episodios ya hablaremos más adelante

A la primera fiesta fuim tres amigos: Ken, Eaton y yo, a una discoteca para men s de dieciocho años que abría a las 17:00, en la que por s uesto se consumía alcohol. Cada copa nos costaba cien pe tas (sesenta céntimos de euro) y allí mismo, sin salir de garito, me gasté mis primeras quinientas pesetas (tres os) en cinco vodkas con Coca-Cola. Ver a críos de tre a dieciséis años bebiendo como cosacos, tirados y vomita o en la puerta de la discoteca era todo un espectáculo. Se naban porros sin importar quién pasara por la calle en una acible tarde de sábado en la que tampoco faltaban las pele incluso con bates o cadenas.

Así empezó todo. El sáb siguiente ya fuimos a una fiesta de barra libre, pagando oscientas cincuenta pesetas (un euro y medio). Podías b r con los colegas hasta final de existencias, o hasta el a hecer, porque con aquella edad las «fiestuquis» eran p la tarde. Años después, salir consistiría en beber hast amanecer, pero entonces era en horario diurno.

En este contexto surgió grupo de amigos del instituto y del vecindario, saliendo viernes y los sábados, quedando para partidos de fútbol o loncesto, entre nosotros o contra barrios rivales, y prácticamente quebrantando todo el código penal.

Corrían los años 90… los años de la heroína, el desmantelamiento de la industria, el fin de gran parte de la flota pesquera y de los astilleros, las huelgas, el paro, el punk, los atracos, y también la disciplina, los castigos físicos en las aulas, las palizas en casa con el cinturón, etc. Aquellos maravillosos años…

Unos años después, ya con diecisiete, pero bastante crecidinos para nuestra edad –yo medía un metro ochenta y no era para nada el más alto–, cualquiera que nos viera de frente probablemente cambiaría de acera.

Melenas, pendientes, tatuajes y unas ropas bastante fuera de lo común que, en aquella época, daban cierto miedo y reparo. Cuando no teníamos un pitillo en la boca, teníamos un canuto. Curiosos tiempos en los que comprábamos cigarrillos sueltos en los kioscos desde los diez años, el médico fumaba en el hospital pasando consulta, a los profesores se les caía la ceniza en tu libro cuando se acercaban a tu pupitre y tu propio padre te decía que si te veía alguna vez con un pitillo en la mano te daría una hostia allí mismo, aunque estuviesen tus amigos delante.

Obviamente, todo esto decía dándole una calada al Ducados.

Antón, Eaton, Johny, Ke Xeo y yo estudiábamos juntos el bachiller y ahí forjamos stra amistad, aunque la relación con Ken e Eaton venía d ños atrás, cuando coincidimos en la EGB en otro colegio, t bién privado y de monjas. Eaton era un año mayor y estab n curso por encima.

A Demo y Moha los co í durante el bachillerato, aunque ellos estudiaban en el I de Tambo, que era un instituto público. Demo era veci de Antón, que intentaba ser un hombre de provecho en nismo centro privado y religioso que yo.

A Demo todos suponem por qué le pusieron este apodo. Si de mayor era así, de ueño tenía que ser el mismísimo diablo, seguro que por d e pasaba dejaba una buena peste a azufre. *Demo* significa emonio» en lengua *galega.*

Moha, cuyo aspecto o odría indicar el porqué de su apodo, no parecía origin de Galicia, sino de Marruecos, si bien su única vincula n con ese país era su afición al hachís. Y aunque al pri pio del curso era conocido por Mohamed, por comodida cabó siendo Moha.

A Antón, que es un nombre gallego, se le conocía así por su afición a la magia, en homenaje al famoso mago Antón de televisión que había muerto en directo no hacía mucho.

A Eaton le pusieron su mote por un jugador de la NBA, concretamente de un juego de ordenador de la época en el cual nuestro amigo siempre elegía a los Utah Jazz. Su jugador favorito era el torpe y gigantón Mark Eaton. Precisamente para entretenernos con este juego nos colábamos alguna tarde en la Escuela Naval, en los despachos de los médicos del Hospital Militar. Saltábamos la verja con alambre de espino durante el cambio de guardia de los centinelas. Por extraño que parezca, el disco duro del ordenador de uno de los doctores tenía el juego «NBA Jam».

A Xeo, «hielo» en lengua *galega*, le llamábamos así porque había dejado de estudiar para ir a trabajar a los grandes frigoríficos del puerto, con los enormes barcos congeladores que traían la pesca de Canadá, Argentina, Namibia, Marruecos y un sinfín de países.

Ken, aficionado a los videojuegos y, más que a ningún otro, al «Street Fighter», eligió ese apodo por su luchador favorito, nada que ver con el novio de la Barbie.

A Jhonny, que simpleme se llamaba Juan, le encantaba el rock estadounidense y se asaba el día con Led Zeppelin y Black Sabbath en su *wal an.*

A mí me apodaban Cie uegos debido a que mi abuelo había emigrado a la ás bella de las islas, Cuba, concretamente a la mara llosa ciudad de Cienfuegos. Mi padre nació allí, pero ndo tenía cuatro años toda la familia retornó a su Gali natal. El mote se lo pusieron a mi padre en su niñez y ó como una herencia a su hijo, que cuenta esta historia.

Teníamos unos fuertes os de amistad en los institutos privados de aquellos a , probablemente por la férrea disciplina a la que éra s sometidos, los castigos que teníamos que compartir las palizas que tratábamos de evitar a toda costa. Este ntimiento debe de ser similar al compartido por la gent que pasa por la cárcel. En la adversidad, igual te unes ás a tus compañeros de viaje.

Es curioso o quizá os lla la atención tanto apodo, pero es algo más que típico en n stro pueblo, que se hizo famoso debido a esto. Todos nemos uno, os pondré varios ejemplos, así sabréis po ué se publicó más de un libro sobre los apodos de arín: Compresa, Siete Coños, Gargamel, Petete, Bomb , Barriga de Billetes, María de los Tres Pelos, Patas de Oso, Fístula, … Vamos, que no se libraba nadie, lo teníamos asumido y por costumbre.

E[illegible] coche

Moha tenía dieci[illegible] años y era el menor del grupo. Le encantaba la velocid[illegible] especialmente cuando iba en su moto, que no era muy rá[illegible]a, pero hacía mucho ruido. Por aquel entonces, cuan[illegible] salíamos los sábados y mientras hacíamos botellón, siem[illegible] le entraba el gusanillo de coger el coche del padre de [illegible]. Íbamos de noche a su casa, cogíamos la llave con s[illegible]lo y salíamos a buscar el viejo Opel, que nunca se sabía [illegible]nde estaba aparcado: podía estar en el garaje –lo cual e[illegible] de puta madre porque luego lo podíamos dejar en el m[illegible]no sitio, aunque la entrada era muy estrecha y casi siem[illegible] se lo devolvíamos con la puerta rayada o la chapa abolla[illegible]–; podía estar en la calle, con lo cual el coche no se dañ[illegible], pero nos arriesgábamos a que nos quitasen el sitio, con [illegible] que tendríamos que aparcarlo en otro lado y rezar para qu[illegible]l padre no se diera cuenta, tarea harto complicada; o po[illegible] estar en la base naval, donde trabajaba el padre de Xe[illegible] que increíblemente era la mejor opción para coger y de[illegible]ver el coche, aun a pesar de la vigilancia de la policía militar a la entrada. Que colarse en este lugar fuera tan sencillo en aquellos años de ETA y plomo te hace pensar que el hecho de que no ocurriesen más desgracias era pura casualidad.

Un sábado cualquiera de ese verano, el destino elegido fue Bueu, a doce kilómetros de Marín. Fuimos a por el coche a la Escuela Naval Militar, nos levantaron la barrera de salida y nos fuimos. Me produce cierta gracia pensar en los dos guardias de la puerta viendo a dos chavales de dieciséis o diecisiete años salir en coche a las dos de la mañana, con pinta de no ir muy católicos y sin decirnos nada. Eran los tiempos del servicio militar obligatorio, la mili, y a estos soldados no les quedaba más remedio que estar allí perdiendo su tiempo, por lo que les daba todo igual –cuando no pasaban la noche en la garita, recogían pelotas en el partido de tenis del comandante de turno o limpiaban el jardín de las casas de los altos mandos.

Llegamos a Bueu, donde el resto de la pandilla estaba tomando unas copas. Como había una buena explanada, todos querían dar una vuelta en el nuevo juguete de cuatro ruedas. El primero fue Johnny, que intentó sin éxito arrancar cinco o seis veces; el coche se calaba y no avanzaba más de un metro, pero él insistía una y otra vez. A

continuación fui yo, con letamente ciego, tres intentos y
nada, el mismo resultad Eaton, el único que tenía carné,
había cumplido los die cho años y se había sacado el
permiso enseguida. Se su ó, arrancó y, de inmediato y para
sorpresa de todos, dio un usco volantazo a la derecha y se
fue hacia el paseo maríti , donde había más luz y espacio.
Me extrañó este giro y n acerqué a donde estaba el coche
inicialmente: justo delan del vehículo, donde habíamos
intentado arrancarlo, hab un terraplén de tres metros. Yo
no lo había visto y, de o haberse calado el coche, nos
habríamos metido en u problema bien gordo. Llamé a
Johnny, se lo enseñé y p su cara entendí que él tampoco
se había percatado. La p a es que todo el «ciego» se nos
bajó de golpe con la visi de lo que podía haber pasado. La
oscuridad de la noche, la casa iluminación, el estado en el
que nos encontrába s y, sin duda, nuestra
irresponsabilidad habían ocinado una combinación que
podía haber sido mortal.

Seguimos de fiesta y d olvimos el coche a la base sin
mayor incidencia, ante la isma cara de circunstancia de la
policía militar, aunque a a en vez de dos éramos cinco y
estábamos como trapos.

Recuerdo otros sábados similares en los que tuvimos que recurrir a parar a otro coche para que el conductor nos lo arrancara porque se nos había calado en una cuesta demasiado empinada, dejar que se comiera la culpa de las abolladuras el vecino del garaje, saltarnos algún control de la Guardia Civil, etc. Aunque algo que pasó como una tontería y pudo acabar en una auténtica desgracia fue con Moha al volante y Demo de copiloto –con estas dos coordenadas, el resultado de la ecuación siempre es irracional.

Demo decidió subirse al capó, agarrado como buenamente podía. Moha aceleró sin miramientos hasta los 90 km/h y la cara de nuestro amigo era un poema. Si se hubiera soltado o le hubiera fallado el agarre, algo bastante fácil teniendo en cuenta su borrachera, habríamos acabado el fin de semana de funeral o en los calabozos. En otra ocasión, me salí de la carretera en una curva en el centro de la ciudad, frené en seco, conseguí detener el coche delante de una tienda de muebles; por un momento me vi en la cama del escaparate. Entre el morro del coche y la vidriera del comercio no cabía ni un dedo.

Aquellos maravillosos años… Espero que mi hijo no herede mis aficiones…

El … ncierto

Un sábado de a… to había un gran concierto en Vigo: La Polla Records … eníamos que ir como fuera. El grupo de moda del pun… ock arrasaba allá adonde iba y, por supuesto, el local est… hasta la bandera de gente. Haríamos lo posible por … tendríamos que dormir fuera. En aquella época no era m… fácil que nos dejasen ir a un concierto hasta las cinco … la madrugada, y mucho menos si les decíamos el nombr… el grupo. Yo dormía en casa de … mo, Demo, en casa de Antón, Antón, en casa de Eato… Eaton, en mi casa –Moha no necesitaba excusa para … Parecía que todo saldría bien, excepto Demo. Su padr… ra un pequeño dictador, aunque su bigote era más grand… ue el de Hitler, y esta particular seña le había valido el … odo de «el Bigotes» entre los alumnos de matemáticas … su instituto. Hasta el último día Demo no sabría si p… ría ir, pero esto no era un impedimento, todo esta… en marcha y, si no lo dejasen, saldría por la ventana de … habitación. Solo faltaba comprar las entradas, ¿o no? ¿Y si intentábamos colarnos con alguna avalancha en la cola de la puerta, como habíamos hecho ya tantas veces? Aunque era un concierto que no nos queríamos perder, poder ahorrarnos esas quinientas pesetas nos permitiría pillar medio talego de hachís o medio tripi más.

Para subvencionar el gran fin de semana que se avecinaba, decidimos iniciarnos en el negocio del hachís y la marihuana, vendiendo por el instituto y por los parques. Cuando salíamos de noche también llevábamos algo encima y no teníamos miramientos en ir ofreciendo a la gente que imaginábamos que podían querer pasar un buen rato. En pocos días pudimos comprar las entradas.

Ahora paciencia y a esperar hasta el día del concierto. Recuerdo las ansias por la llegada del fin de semana, aquellas tardes en la cama leyendo o en el escritorio haciendo que estudiaba. Las horas eran eternas, cuatro horas eran cuatro días y los cuatro días para el concierto, cuarenta. Esta desesperación a esas edades me hace pensar en las sentencias de los juzgados de menores. La sociedad no suele entender que su duración sea tan escasa, pero a esas edades el tiempo no pasa, y debe de ser especialmente difícil verse privado de libertad en los años de los descubrimientos, la curi dad, las inquietudes, la amistad, las hormonas disparadas sexo, las aventuras –y con ellas la noche, la droga, el des reno…

En un centro de meno de régimen cerrado, por muy valiente y malvado que aya sido o aparentado ser uno fuera, cuando se apaga as luces, allí dentro no hay ni valientes ni malvados, so lágrimas y oscuridad.

La educación es fundam al para evitar que un niño dé el salto al vacío; cuando s que solo escuchan gritos e insultos, cuando ves que figura de los padres está ausente por dejadez o por trab , uno se puede dar cuenta del peligro, la carne de cañó el posible huésped del centro de menores, las lágrimas cturnas en las que pronto se convertirá ese niño.

Pero sabemos que en os temas tan delicados, como decían nuestro poeta Ra n de Campoamor y su realismo literario: «Y es que en e undo traidor nada hay verdad ni mentira: todo es según l color del cristal con que se mira».

Faltaban dos días, ten os las entradas, teníamos las excusas y las coartadas, íamos el permiso del padre de Demo y teníamos el hac , la cocaína y las pastillas. Nada malo nos podía pasar.

Llegó el día señalado, cogimos el tren por la mañana, obviamente sin billete: si el revisor aparecía por un lado del vagón, nos íbamos para el otro; si nos lo encontrábamos en el mismo vagón, nos metíamos en el baño; si llegábamos a una parada, bajábamos y subíamos varios vagones más atrás, por donde él ya había pasado. Recuerdo que una vez nos escondimos donde se colocan las maletas, encima de los asientos, tapados con las cazadoras y aguantando la risa cuando pasaba el revisor. Ningún pasajero se atrevía a decir nada, entregaban sus tiques (lo siento, la RAE recomienda esta palabra, yo prefiero «tickets») y no nos delataban, sin duda no querían problemas. A pesar de esto, más de una vez tuvimos que lidiar con algún jefe de estación y justificar con mil excusas que no teníamos billete. Lo mejor, siempre le decíamos que habíamos subido al tren en la estación anterior a aquella en la que nos habían descubierto. Cuanto más cerca del destino, más barato nos salía el viaje.
Una vez en Vigo nos comimos los bocadillos que traíamos de casa y nos bebimos unas litronas, la minoría pagadas en el supermercado y las otras, robadas. Lo importante era que teníamos toda la tarde por delante para beber, drogarnos e ir caminando poco a poco hacia el concierto, esa noche nadie

nos esperaba en casa. T o estaba saliendo según el plan previsto.

Pasamos la tarde entera biendo *whisky* (lo siento, RAE, por aquí sí que no paso, niego a beber «güisqui»). A la hora de racionar el alcol , las proporciones no eran nada desdeñables: tres botella le DYC por cada dos de Coca-Cola –media botella de lcohol por cabeza e incluso, a veces, dos para cada es personas. Todo ello bien aderezado con varios c limentos del mercado ilegal de estupefacientes. Teníam varios juegos, en cualquier soportal o parque nos se bamos en círculo y contábamos. Cada persona decía el nero que le correspondía: uno, dos, tres, cuatro, cinco.. a norma era fácil, si el número acababa en cinco o múlti de tres, el siguiente debía gritar la palabra «¡INJUSTIC !» en vez de decir el dígito correspondiente. Mucho fallos, muchas risas y muchos chupitos para quienes en an. Después de varias injusticias la borrachera era genera da, parecíamos marineros rusos después de nueve meses alta mar. A medida que subían el alcohol, las drogas y l ificultad de las reglas del juego, aumentaba nuestra sens n de bienestar, que contrastaba con las miradas de pav de vecinos y transeúntes. Otro juego: seguíamos en c lo, cada uno se asignaba un número y, en su turno, decía su número seguido de «limón y medio limón» y otro número al azar, seguido también de «limón y medio limón». El elegido respondía con su número y así sucesivamente. ¡Qué fácil parece y no dábamos una!

Cuando llegamos a los aledaños del concierto nos enteramos de la mala noticia: la actuación tendría lugar en una gran discoteca, pero La Polla Records no iba a tocar, otro grupo lo sustituiría. En teoría, devolverían el dinero a los asistentes que no entrasen, pero en este caso nunca sucedió. El grupo sustituto que actuaría aquella noche eran unos artistas desconocidos llamados Ska-P, que empezaban en aquellos años. Veintisiete años después, en el Palau Sant Jordi de Barcelona reviviría aquella noche, en compañía de Moha y Demo, con la vuelta a los escenarios de Evaristo y compañía por el 40.º aniversario de la banda.

Muchos entraron, nosotros decidimos quedarnos fuera y unirnos a la fiesta que se había ido montando en los alrededores. Poco a poco el ambiente se fue caldeando, llegaron varios vehículos policiales, la tensión se acrecentó y nos dio la impresión de que nos lo podríamos pasar bastante bien.

En un intento de entrar n avalancha en la discoteca, la
policía y la seguri d respondieron de manera
desproporcionada, desat lo la ira de los allí presentes.
Comenzaron a llover pi ras y botellas –vacías, claro, a
estas alturas de la pelícu ya no quedaba ninguna llena– y
ellos cargaban sin escrú os contra todo lo que se movía.
Salimos corriendo com pudimos. Yo era rápido, pero
Antón no tanto, al meno n aquella época, y recibió varios
porrazos. Sobra decir qu o sintió ningún dolor, con tanta
química encima éramos munes. En medio de ese caos,
Moha tuvo que volver or su manojo de llaves, que le
habían caído durante l uga, y pudimos ver cómo un
policía y dos porteros ar dos con bates de béisbol corrían
sin miramientos hacia Cuando estaba recogiendo las
llaves del suelo y vio q tenía al enemigo a tres metros,
saltó ágil y veloz como guepardo, pese a la cantidad de
alcohol que había inger y las pesadas botas que tenía
puestas. Pero lo mejor que en el salto se llevó por
delante al antidisturbios, ue se dio un buen golpe contra
uno de los coches aparca s. Qué ¡INJUSTICIA!, diríamos
en el juego.

Al final, sin lesiones que reseñar ni detenidos en nuestras filas, salimos el resto de la noche por la ciudad. Todavía eran las doce y aún quedaba mucha luna llena por delante.

Poco después Antón, no suficientemente contento ni caliente con los porrazos que había recibido de la policía, provocó una pelea con cuatro o cinco tipos en la puerta de un *pub*. No sería grave, si no fuera porque Demo, Moha y yo ya nos habíamos perdido entre la gente, y para hacer frente a estos tipos solo estaban Eaton y él. Inició la pelea con un gracioso «Tú y yo solos en la carretera», y le cayeron más golpes y patadas de los que repartió la policía en el concierto. Por otro lado, yo también había perdido a Moha y Demo. Según supimos después, este último se había colgado de un puente sobre la autopista al estilo de la película «Historias del Kronen» y podemos decir que Moha le salvó la vida; yo no habría podido con el peso del mastodonte de Demo.

Y así, entre batallita y batallita, fue amaneciendo. Corrían los años 90…

Capítu II. Instituto

Una revolución educa una revolución combate la ignorancia y la incultura porque en la ignorancia y en la incultura están los pila sobre los que se sostiene todo el edificio de la mentira, do el edificio de la miseria, todo el edificio de la explota 1.

Fidel jandro Castro Ruz (1926-2016)
Aboga y ex-Primer Ministro de Cuba.

En parte llegué a e instituto a través del atletismo –me ofrecieron una beca ara completar el bachillerato en su centro a cambio de mpetir en su nombre. Pero esa disciplina y mano dura me hacían ninguna gracia. En realidad, la decisión fue puesta y la tomaron mis padres, que me obligaron a acep la. Quizá esto acabó de desatar mi espíritu rebelde.

En este célebre centro ivado donde cursé el BUP o bachiller –según el añ en el que hubieras estudiado,

¡cuántas putas leyes educativas necesitamos en este puto país!–, si llegabas tarde te castigaban en el puente, que se prolongaba por encima de los accesos a las aulas y unía el edificio de recepción con las pistas de baloncesto. Ahí, según la gravedad de lo que hubieras hecho, te pasabas uno o varios recreos. Por ejemplo, cuando le planté fuego al pupitre de un compañero, me cayeron siete días de «condena». Realmente se dieron tres factores a la vez que desencadenaron el pequeño conato de incendio. Uno, que Xeo lo tenía lleno de papeles; dos, que yo tenía un mechero; y tres, que era una aburridísima clase sobre los Reyes Católicos. La combinación de estas tres circunstancias acabó por complicarme unos cuantos recreos.

También me llama la atención que este centro tuviera nombre de monje benedictino, Colegio San Benito, porque allí en realidad no abundaban los santos; quizá entre el alumnado, pero del profesorado podríamos salvar a dos.

Las palizas e los profesores

En aquella époc os profesores no tenían ningún inconveniente en pegart na bofetada por el más mínimo motivo, aunque fuera el legio San Benito. Decir «pegar» es ser bondadoso, porqu gunos nos propinaban auténticas palizas. Johnny era un rno de los que se quedaban de lunes a viernes. Un buen a, robó la llave de la cafetería e hizo una copia sin que n e se diera cuenta. Cada noche y durante meses, acompañ de otros alumnos, se hartó de comer helados gratis del ngelador de la cantina. Ni en la misa del Apóstol vi a un ra dar tantas hostias como el día que lo descubrieron. La itad de los alumnos del centro había disfrutado del ban ete, pero el pobre Johnny pagó por todos, menos m que algunos nos libramos. Probablemente algún chi o se había ido de la lengua en el confesionario y, por s uesto, ese sagrado secreto de confesión se lo pasaban r el arco del triunfo. Los curas tenían confidentes que icionaban a sus compañeros, y casi treinta años después, alguno de estos cabrones continúa actuando de igual manera.

Es difícil rememorar las escenas más crueles, a Antón le desgarraron la cara de arriba abajo con una llave, a mi compañera Carmen le rompieron la nariz contra la mesa, a Ken le arrancaron un buen mechón de pelo levantándolo del suelo… Y no, salvo excepciones puntuales, los padres no protestaban. Existía la teoría de que cuando pegaba el profesor o la policía, «algo habrías hecho», con lo cual los curas se creían impunes. Hoy puede resultar impensable, probablemente en un futuro piensen lo mismo de nosotros por comportamientos que hoy consideramos normales, pero corrían los años 90…

En clase se nos planteaban preguntas del tipo ¿qué preferís tener: un hijo drogadicto, alcohólico u homosexual? No os alarméis, estas cuestiones eran habituales. También debatíamos sobre la moralidad del uso del preservativo, a raíz de famosos spots sobre el tema emitidos en televisión. Aún sonrío al recordar un anuncio que emulaba la mítica escena de «El club de los poetas muertos» (ante el enfado del director al encontrar en el aula un preservativo –nuevo, intacto y en su plastiquito–), toda la clase se declaró culpable, uno a uno los alumnos asumieron como propio aquel objeto que *Herr* *rektor* ni siquiera se atrevía a nombrar. Con este act le rebeldía acataron el castigo correspondiente, sabiend que lo volverían a hacer y que estaban tomando la decis correcta.

Unos dos años antes, c do llegó la hora del recreo, se presentó la jefa de estu s con una revista en la mano. Nadie podía salir, tení os una charla, más bien una tremenda bronca. Despu de veinte minutos despotricando sobre pornografía y sob a bajeza moral que suponía leer revistas de ese tipo, soltó a frase de lo más definitoria:

–¡Y lo peor es qu la encontré a una chica! –gritó, frunciendo aún más el ce

Al final, la revista en estión resultó ser una famosa publicación musical par dolescentes, *Super Pop*, en cuya portada los dos integran del grupo Bros posaban con el torso desnudo. Esa era l entalidad y eso era pornografía. Unos veinte años desp supe que esta profesora tenía ocho hijos y era del Opu ei.

No se me olvida el p e Ángel, profesor de Lengua Española y Literatura. U nartes se acercó a la primera fila y fue repartiendo bofet s a todos, uno a uno. ¡PLAS! ¡PLAS! Cuando ya habí olpeado a diez niños, entre ellos Xeo y Johnny, titubeó un oz desde el fondo del aula:

–¿Por qué nos pega, padre? ¿Por qué nos pega, padre? –preguntó Antón asustado.

–Es miércoles, idiotas, y habéis sacado el libro de Lengua. Ni eso hacéis bien, burros –contestó el cura sin paliativos.

–Es martes, padre, toca Lengua. Literatura es mañana –espetó Antón intentando evitar una ristra de bofetadas.

–Ahh, pues nada, venga, Lengua –zanjó sin arrepentimiento alguno.

Obviamente, ni perdón, ni hostias, esas ya se las habían comido diez niños hacía un minuto.

Y cómo no mencionar al profesor Macario, famoso muñeco de la tele con un más que razonable parecido físico al maestro en cuestión. Nos daba Dibujo Técnico y era conocido por las palizas que propinaba sin contemplación y por su peculiar prohibición de usar en clase los míticos relojes Casio que indicaban las horas en punto con un pitido. En cuanto sonaba el ¡pi-pi!, él respondía con un soberano ¡PLAS, PLAS! Os narraré una anécdota especialmente remarcable por su crudeza. Era una tarde de junio, el verano a las puertas, un calor sofocante, un sol de justicia y dos clases todavía para finalizar la jornada:

Gimnasia y Dibujo. Las tas de sudor nos resbalaban por la frente, no eran por el ico, nadie imaginaba lo que nos iba a pasar. En Gimna nos tocó examen del test de Cooper, doce minutos d arrera y, según la distancia que alcanzabas, obtenías un nota. A mí me gustaba porque hacía atletismo, pero a la ayoría le parecía un infierno. Al acabar todo el mundo es a hecho polvo. Como es lógico, mucha gente tosía por el uerzo, el cansancio, etc.

Y así nos fuimos a cl de Dibujo Técnico, sin aire acondicionado. La clase raba cincuenta minutos, aunque en esta ocasión duró vei . La gente empezó a toser desde el minuto uno, por lo cuando no era uno, era otro. Algún bromista había, ro en general Cooper estaba mostrando sus devastado consecuencias. La paciencia de Macario se acabó en el nuto diez, lo cual para él ya era bastante.

–¡Al próximo tip ue escuche toser le parto la cara! –gritó señalando con el d o a los alumnos.

En menos de tres se dos le cruzó la cara a una compañera, y así cada os o tres minutos sin ningún miramiento. La gente se nía azul intentando no toser o se tapaba la boca hasta o respirar, con lo que las consecuencias eran peo , ataque de tos y bofetada al canto. Hasta que tosió Xeo, de mayor tamaño que el resto, debía de medir un metro noventa y pesar cien kilos. Creo que lo hizo adrede para ver si se atrevía con él. Se llevó la bofetada igual, pero hizo justicia al resto de la clase y Macario también se llevó la suya. Luego vinieron los puñetazos y las vueltas por el suelo. Los dos acabaron perjudicados, Macario con las gafas rotas, despeinado y con el bigote tieso como si hubiese metido los dedos en un enchufe.

Efectivamente, lo expulsaron el resto del curso. No seáis mal pensados, expulsaron a Xeo, aunque el comportamiento del profesor de Kárate y Dibujo Técnico se apaciguó durante unos días, dos o tres, no más. Como consecuencia de esta expulsión, Xeo dejó los estudios y se fue a trabajar al puerto.

Las prohibiciones que teníamos en nuestro San Benito particular resultarían llamativas y curiosas para los jóvenes de hoy. Si te veían pasear a solas con una chica durante las horas del recreo, llamaban a los padres de ambos y les decían que su rendimiento escolar estaba bajando, que su comportamiento no era el adecuado y un sinfín de tonterías impensables en nuestra época actual. En consecuencia, algunos padres actuaban y prohibían la relación,

especialmente los padre: ellas. Había más machismo en
aquellos años, aunque (zá no lo identificábamos como
hoy en día. Nos besáb)s a escondidas y nos veíamos
después de clase porque el patio no podían descubrirnos.
La clandestinidad de las aciones las hacía parecer mucho
más intensas y largas de que realmente eran. Por eso viví
con especial cariño m elación de un mes con Bea.
Estudiábamos el mismo rso, ella en la clase de al lado,
pero nos veíamos más el ı de semana, ya que en el centro
te podían ocasionar más blemas la dirección o los padres
que las bromas de los co añeros.
Tener que acudir a mis semanal de manera obligatoria,
tener que rezar un pa nuestro a primera hora de la
mañana, tener que vesti le manera apropiada, tener que
hacer las actividades ext scolares que ellos elegían por ti,
tener que participar en l competiciones interescolares por
ellos, tener que acudir a entro más de un fin de semana
por mal comportamient tener que... Tanto «tener que»
hacía que sintiéramos nu ra rebeldía como una manera de
luchar contra esa opre ı. Amábamos la libertad tanto
como un preso, con pe n si alguno se siente ofendido.
Increíblemente, hasta la ha aún no he pasado ni un día en
prisión como para comp .

En una ocasión llamaron a mi madre para que tomara medidas. Mi delito: ponerme una camiseta que solía llevar Axl Rose, el mítico cantante de Guns N´ Roses al que mi padre detestaba. En la parte delantera se podía ver la cara de Jesucristo con el lema «KILL YOUR IDOLS». Después de esa llamada desapareció mi camiseta. Días más tarde mi madre me confesó que con el enfado me la había tirado a la basura. Con lo cara que era y lo difícil que había sido conseguirla.

Recuerdo la frase del padre Compresa (imaginaos qué careto tenía para merecer ese apodo):

–Mata a tus ídolos, que Jesucristo es el Único –dijo con su sonrisa hipócrita.

–Los tiros no van por ahí, padre –contesté, no quería malentendidos.

Al profesor de *Galego* le llamábamos «el Mono» y era famoso por sus chistes malos, que curso tras curso había ido repitiendo durante sus largos años de docencia. Un día se nos había ocurrido la idea de tirarle pesetas al suelo cada vez que contara uno, y pronto se había convertido en una costumbre. Después de cada actuación, se agachaba y recogía con parsimonia todas las monedas.

Una tarde me encontrab specialmente gracioso en clase. Nos estaba enseñando u foto de su hija recién nacida y, cuando me la mostró, le :

–¡Que «Monada» estre!

–Xa sei por onde … –respondió el Mono con cara de pocos amigos mientra l resto de la clase se reía.

Esa misma tarde me pas nos 10 minutos calentando una moneda con el mechero sta que estaba casi al rojo vivo, mientras esperaba el chis portuno.

–¿Qué pasa si me un huevo en el microondas?

Pues que te pillas el otro la puerta.

Mi peseta incandescente lió disparada hacia la mesa del profesor. Como de cost bre, el profesor se levantó y la recogió. Los gritos fuer espectaculares, acompañados de un «*¡Filloooo de putaa !*» Y por supuesto, ahora sí me echaron de clase.

Cuando nos expulsaba de clase, no se nos ocurría quedarnos en el pasillo os escondíamos en el baño o salíamos del centro, por si nos veía el jefe de estudios, nos caía o bien un par de fetadas o bien un castigo de una semana en el puente de l enitencias durante los recreos, o ambas cosas, como o ría con demasiada frecuencia.

Nuestra única esperanza era que el profesor no nos anotara en el parte de clase y no se enterara la dirección.
Me gustaría saber qué piensa toda esta gente hoy en día. Si se arrepentirán de algo o si seguirán pensando que esa era la forma correcta de educar. Afortunadamente el concepto de educación evoluciona con el tiempo, pero entonces corrían los años 90…

B[illegible]nidorm

Justo antes de co[illegible]nzar las vacaciones teníamos la excursión de fin de cur[illegible] Después de un año ahorrando, organizando fiestas de [illegible]a libre, y vendiendo lotería de Navidad y camisetas, c[illegible]seguimos reunir algo de dinero para disfrutar de una [illegible]nana en Benidorm, que ahora sonará a Imserso o a v[illegible]s de la tercera edad, pero para unos chavales de tercer[illegible]de BUP iba a ser una semana mágica.

Fuimos en autobús des[illegible] Galicia, quince horas de sol y sudor marcaron el comie[illegible] de uno de los mejores viajes de nuestras vidas. Alguno[illegible]de los compañeros ya habían cumplido diecisiete, otro[illegible] aún dieciséis. Así que atravesar la península en pleno ver[illegible] en ese autocar, que parecía una discoteca con los cántico[illegible] insinuaciones a las chicas, fue un auténtico placer. El pa[illegible] Happy, que se había ofrecido a acompañarnos/vigilarnos[illegible] ya nos había amenazado con parar y volver a Marín [illegible] más de una ocasión. Como ya imaginaréis, el apodo se [illegible]bía a su mal humor –siendo cura y director del colegio, no hace falta explicar que sus comportamientos en clase no eran precisamente ejemplares. En el autobús íbamos Antón, Johnny, Eaton y yo. Incluso Ken, que no había pagado, se había animado a ir, iría por su cuenta en autostop y contaba con colarse en el hotel, era de suponer que entre tanto estudiante pasaría desapercibido. Llegó el mismo día que nosotros y se acopló con un saco de dormir en el suelo en la habitación de Eaton y Johnny. Nadie del hotel se dio cuenta, tampoco el director del colegio. Menudas historias montábamos de la nada.

Nuestro viaje coincidió con el Mundial de Fútbol, y aunque uno no sea de ningún equipo, aquello estaba lleno de guiris de todas partes animando a sus respectivos equipos, ¡y cómo estaban las holandesas que frecuentaban el *pub* de nuestro hotel! Íbamos a ver los partidos de Holanda, que por supuesto se convirtió en nuestra selección favorita. Para un grupo de salidos de instituto, contemplar aquellos girasoles holandeses de unos veinte años nos había revolucionado de una manera fuera de lo normal.

Nos pedíamos un metro de cerveza, que consistía literalmente en una barra de madera de un metro de longitud con agujeros para introducir los vasos de birra, siempre un número impar. Empezábamos a beber cada uno por un lado y el que antes llegara al c tro se bebía uno más que el rival a modo de recompensa. Después descubrimos la versión circular de la barra y así pausa, una tras otra. Lo extraño es que no acabáramos co a bandera de Holanda tatuada en el brazo.

Beber, drogas, dormir, cina, playa, *pub*, disco, beber, drogas, dormir, piscina playa, *pub*, disco y vuelta a empezar, un día sí y otro mbién, y no tenía por qué ser en ese orden.

Una noche salimos co cualquier otra, aunque fuera martes. Había mucha ente, no olvidemos que era Benidorm, y por supues estaba lleno de extranjeros de vacaciones. Todo había nscurrido sin mayor incidencia hasta que, casi al aman r, cuando la discoteca estaba a punto de cerrar y nosc s ya pensando en la retirada, decidimos jugar una par a en la mesa de billar que había en una esquina del local quello que prometía ser un reto serio entre Antón y yo n rdó en convertirse en un intento de engatusar a un par de icas sentadas justo al lado de la mesa. Me disponía a go ar la bola, calculando de forma precisa, soplándole a l punta del taco, haciéndome el profesional, y cuando l ba a dar, ya con la carambola visualizada en mi mente, a de las jóvenes le dio un golpe a mi palo que hizo que rompiera el tapete y la bola blanca entrara directamente en el agujero sin golpear a ninguna. La chica sonrió y no desaproveché la oportunidad de dirigirme a ellas. Eran dos estudiantes de Chiclana, cerca de Cádiz. Una de ellas se llamaba Raquel, era especialmente atractiva, de piel morena y con un lunar en el labio demasiado sensual como para resistirme a entablar una conversación, mucho menos con el contentillo que llevaba encima después de las copas.

Antes de que los porteros nos echaran por el estropicio de la mesa de billar, salimos los cuatro de la discoteca, cogimos las copas de una de las mesas mientras sus legítimos dueños departían sobre el Mundial y las posibilidades de España, y fuimos directamente a la playa que estaba justo en frente. Nos separamos por parejas, yo me fui con Raquel y su lunar, era su última noche en Benidorm y su acento hacía aún más especial ese momento. Sentados en la arena, viendo un fantástico amanecer en una playa del Mediterráneo, iba a perder mi virginidad con una preciosa morena de dieciséis años.

Nos besamos, nos tumbamos en la arena, entre las hamacas, acaricié sus pechos, sus pezones eran como dos guindas, sentía su piel suave y delicada, mis manos se perdían en sus curvas, sus labios despe ban en mí un volcán de placer. No sé lo que duramos, o para mí fue largo, muy largo. Ya era de día. Una mar llosa mañana de verano en una playa que pasaría a la hi ria, ese momento en la playa de Benidorm sería tan impo nte para mí como lo acontecido en la playa de Normandí ara la humanidad. Nos bañamos desnudos, el agua era ida, yo al menos era de unas latitudes más frías. Ese io hizo que el volcán volviera a entrar en erupción, con a en brazos le hice el amor por segunda vez en mi vida, ndo las palmeras en la playa y el lunar de sus labios carno entre gemidos de placer. Como esa misma mañana volví Cádiz, la acompañé al hotel y le di un beso en la puerta; dría a las 12:00 para despedirnos antes de que partiera su obús, pero no llegué a ir. Nunca más la vi, ni supe de ella.

Todo esto que pasó en playa fue verdad, ahora bien, tampoco miento si os di que el idilio de dos adolescentes de dieciséis o diecisiete s, en medio de una borrachera y montañas de arena tam o daría como para una película romántica. La mano m da se convertía en un guante exfoliante cada vez q me apoyaba en la arena. Ni hablamos de cómo logr onerme el preservativo, sangre, sudor y lágrimas. Prefie no continuar con esta parte de la historia, otra verdad como un templo. Quedémonos con la primera, también cierta.

Capítulo I . Sanfermines

L)aís, una civilización se puede juzgar

/ la forma en que trata a los animales.

Mahatma Gandhi (1869-1948)

Abogado, a ivista, pacifista y político.

A principios del v ano siempre había una fiesta que destacaba por encima de das, los Sanfermines empezaban el seis de julio a las doc el mediodía con el chupinazo y terminaban el catorce de io a las doce de la noche con el «Pobre de mí». Con el sanillo de ir desde hacía varios meses, no solo por el tre ndo desmadre que nos íbamos a encontrar –guiris, borra iera, conciertos, drogas, sexo, peleas, policías y abertz s–, sino porque, además, era la primera vez. Durante m es estuvimos ahorrando todo lo que nos sobraba los fine le semana, algo que nos daba el abuelo o la madrina... N necesitábamos mucho, como ya os imaginaréis, el plan cc istía en desplazarnos en autobús, llevar la comida de casa, dormir en parques y robar en algún supermercado. Solo en copas y billetes de bus ya se nos iba todo el dinero, así que siempre llevábamos alguna sustancia para vender, teníamos que sacar provecho de la fama de cierta mercancía gallega.

El viaje era de Pontevedra a Pamplona, comprábamos el ticket hasta Vitoria por ser más barato, y al llegar allí, en vez de bajarnos, nos hacíamos los dormidos. Funcionó varios años después, aunque esta vez nos hicieron apearnos y tuvimos que seguir hasta nuestro destino haciendo autostop. Lo curioso es que si descubrían a alguno de los nuestros, este se bajaba y el resto continuaba en el autobús. Nos encontraríamos horas más tarde en la Plaza del Castillo de Pamplona, sin hora acordada y sin móvil. Yo qué *carallo* sé cómo lo hacíamos, pero la cuestión es que nos encontrábamos.

En esta ocasión fuimos Eaton, Ken, Antón, Moha, Demo y yo, con mochilas llenas de comida, un mundo por delante y ropa para dos días, aunque la idea era estar cinco y planificar sobre la marcha. De entrada, en Vitoria nos bajaron a Moha, a Demo y a mí, el resto continuaron hasta Pamplona. ¡Buena suerte, esperemos encontrarnos!

¿Que si nuestros padres dejaban ir con tan pocos años a pasar cinco días tan lej de casa? ¿Y además solos? ¿A casi mil kilómetros? Obv nente NO. Eaton y Ken pasarían el fin de semana en la a del pueblo de los padres del primero, el resto iríamo le camping a Aldán, un pueblo ubicado a escasos diez lómetros del nuestro. Con esta coartada embarcaríamos una aventura sin desperdicio, ansiosos, expectantes y s emor alguno.

Para empezar, la torme de verano que cayó en Aldán esos días fue legendar incluso para ser Galicia, en especial la noche del ho de julio. Nuestros padres, preocupados, se plantea seriamente ir a buscarnos. No teníamos móvil para avis de que estábamos bien y, ajenos a su preocupación, conti mos nuestro viaje tan tranquilos. A Antón se le dio por nar a casa y así fue como nos enteramos del tempora que azotaba nuestro supuesto camping. Su hermano nayor, cómplice de nuestras andanzas, había frenad sus padres cuando estaban a punto de salir para ir buscarlo. Entretanto, nosotros seguíamos al sol de P nplona a 30 ºC. Poco después averiguaría que mi mad ampoco había pegado ojo hasta recibir mi llamada al d siguiente, informándola de que, pese a las condiciones cl tológicas, estábamos bien.

De repente me viene a la mente Moha, que le había dicho a su madre que se iba a San Sebastián. Nos pareció extraño que, en vez de usar nuestra misma excusa, eligiera otra ciudad también a 800 kilómetros de distancia. ¿Por qué allí sí y a Pamplona no?

–Allí no hay toros, estará más tranquila, supuse –no hay más preguntas, señoría.

El ncierro

De nuestra aventu mi madre se enteró varios años después. Con mis pa es presentes comentando un encuentro casual en La Habana con Fidel Castro, mis amigos y yo nos dela nos en un descuido mientras comentábamos cómo n habían temblado las piernas delante del Presidente Cuba: «tanto o más –dijimos, inocentes– que corrienc en el encierro delante de los toros». Yo les había jura y perjurado en todos mis viajes –los viajes posteriores 'amplona ya habíamos ido con autorización paterna– no correríamos delante de aquellos morlacos de se ientos kilos, cosa que hicimos desde el primer año. D ubrirlo tantos años después no evitó el escalofrío que ecorrió su cuerpo, según me confesaría posteriorment i madre.

El encierro es la tradic que hace famosa esta fiesta a nivel mundial. Una carre de casi novecientos metros con seis toros y varios cabes s pisándote los talones. Aunque ahora está algo más cont ado, en aquellos años participaba gente con cámaras, copas y botellas en la mano; mi sensación era que más de uno nunca llegaría a la meta.

Hoy en día no se puede correr en según qué estado, la policía filtra a los corredores, especialmente a los extranjeros cuya apariencia pueda indicar que no están en las condiciones adecuadas; tampoco está permitido ir con cámaras o móviles, pero en aquella época todo valía.

El encierro era a las 08:00 de la mañana, tras toda una noche de fiesta el estado de algunos era memorable, por supuesto el nuestro también. Nosotros corrimos, treinta metros a lo sumo, los toros nos adelantaron sin dilación, no se dignaron ni a vernos, toda una descortesía por su parte. Pero el mero hecho de oírlos, sentirlos y olerlos nos supuso una subida de adrenalina brutal. Cientos de personas apelotonadas en las esquinas, especialmente delante de la curva del Ayuntamiento, que era donde nosotros habíamos decidido iniciar la carrera, y mucho más el fin de semana, que era cuando más gente acudía.

Un par de días después de haber corrido, en ese mismo lugar, un miura asestó una cornada mortal a un turista estadounidense. Este cayó al suelo en el trasiego de la carrera debido a la gran cantidad de gente que había y probablemente algo perjudicado por el alcohol. No se le ocurrió nada mejor que antarse y el toro que pasaba por allí, sin ademán alguno querer cornearlo, le atravesó el corazón en una coincider fatal.

Aún recuerdo alguna po da de periódico, desde luego no el Diario de Navarra, qu por razones obvias trataba estos temas con más cortesía recelo: «¡Mike, esto no es un rodeo!»

Mi primera carrera no dejó buen sabor de boca, pero habría más y más larg Varios años después, tras un encontronazo con otro ura de color marrón y más de media tonelada, decidí q aún era joven para dejar mi vida en la calle Estafeta. Acab an de dar el chupinazo de salida, ya se oían los gritos de gente y las pisadas de los toros. No habían pasado ni ve segundos cuando iniciamos la carrera andando, para in celerando el paso poco a poco hasta alcanzar lo que u pensaba que era una velocidad endiablada. Me giré y pu ver al animal a no más de tres metros de mí, podríamos cir que incluso sentía su aliento. Entre el toro y yo corría tipo desesperado, su cara era un poema. Íbamos pegados a valla de protección del público que, supuestamente, gri a sin parar –yo no escuchaba nada con la tensión del mento. El corredor se precipitó sobre mí y se estampó co ra la barrera, provocando que yo me golpeara contra un poste de madera. Los cuernos pasaron rozándome el pecho y la cara, que estuvo inflamada y ensangrentada durante todo el día. Del pitón del toro colgaba la camiseta de este mozo que se había interpuesto entre los dos, sin saber en ese momento que me acababa de salvar la vida.

Ese fue mi último encierro, a partir de entonces solo volvería a verlos en la televisión. Desde ese día no volví a tener esa sensación de pánico, salvo en determinadas cargas policiales en alguna de las manifestaciones de aquellos años, por los recortes en las becas universitarias, por la despenalización de la insumisión, por el derecho a la vivienda…

L[illegible] guiris

A los Sanfermin[illegible] venía gente de todos los países del mundo, Australia, [illegible] UU., Alemania… Durante esa semana, decenas de mil[illegible]e turistas recorrían las calles de Pamplona. La ocupació[illegible]otelera era del 100 % en toda Navarra, algunos medio[illegible]ablaban de más de un millón de visitantes durante esos d[illegible] El desmadre que se producía en la ciudad con semejante [illegible]llicio de asistentes nos asustaba incluso a nosotros.

Un detalle que nos lla[illegible] la atención fue una conocida fuente a la que los pam[illegible]icas, por lo que pude entender, llamaban «la fuente de l[illegible]guiris», casi tan famosa como el Manneken Pis de Brusel[illegible] Estaba en medio de una plaza y a ella se subían totalme[illegible] borrachos extranjeros de todas las nacionalidades, hom[illegible] y mujeres. Abajo aguardaba el resto de compatriota[illegible]jaleando a los valientes y animándolos a saltar. Ni [illegible]é decir tiene que no siempre los recogían. No así a ellas, [illegible]e solían acabar manoseadas por la ardiente multitud. En [illegible]enos de veinte minutos fuimos testigos de más de un batacazo, además de otras tantas lluvias de botellas que lanzaban a los que, una vez arriba, no se atrevían a saltar. A pesar del peligro, la policía que patrullaba los alrededores de la plaza no parecía demasiado interesada en actuar. Entonces a los turistas se les permitía más que ahora, los agentes mostraban cierto reparo a la hora de actuar contra ellos, tal vez por eso se desahogaban más con los autóctonos.

Cuando salía el sol, algunos supervivientes dormían en la Plaza del Castillo, situada en el centro de Pamplona, donde mientras unos yacían inconscientes, otros desataban su pasión a escasos centímetros, y donde presenciamos también todo tipo de robos, lo cual no era difícil teniendo en cuenta el estado del personal.

Por estas y otras razones, la célebre «Fiesta» de Hemingway acababa convirtiéndose en una bacanal de decadencia en la que más de uno se podía sentir superado.

La mañana del 11 de julio, onomástica de nuestro querido colegio, mientras esperábamos para ver el encierro –habíamos decidido no correr, nuestro estado era idóneo para acabar como Mike–, sentí cómo intentaban abrir la mochila que llevaba en la espalda. Me giré y automáticamente dos tipos situados detrás de mí miraron hacia otro lado con disimulo. No le di much nportancia, pero al segundo tirón me volví con cara de po amigos y los dos individuos se retiraron cada uno por s ido. A los pocos minutos, Moha se percató de que le fa a el billete de vuelta, un robo estúpido que al caco no l aldría para nada.

Tuvimos que conseguir ero para el billete de Moha, ya que esta compra se nos s del presupuesto. Por casualidad una pareja de etnia git nos propuso hacer cola en la taquilla de un concierto abriría tres horas después, con la intención de comprar tradas y revenderlas esa noche. Solo se podían adquirir s por persona, por lo que nos ofrecieron tres mil pe as a cambio de esperar allí sentados, fumando unos orros y echándonos unas risas. Las entradas se agotaron nuestras narices, con lo que el hombre se negaba a pag os, pero ante nuestro enfado la mujer accedió a darnos l pesetas. Algo es algo, pero no era suficiente. El resto obtuvimos vendiendo la poca cocaína que nos quedaba os guiris ignoraban la calidad de la mercancía gallega, per agaban más por menos.

Nada más finalizar encierro, oímos unos gritos procedentes del otro lad la calle:

–*My wallet, moth ucker! My wallet, you son of a*

bitch! –gritaba un corpulento inglés, al tiempo que levantaba por el cuello a un joven con pinta de mangante. El sospechoso, con los pies en el aire y a punto de desfallecer por la falta de aire, balbuceaba:

–¡Yo no fui, yo no fui! ¡No tengo nada!

Resultaba curioso que respondiera al británico como si lo estuviera entendiendo, cuando probablemente no tenía ni idea de lo que decía, por lo que supusimos que sabía de sobra por dónde iban los tiros. Cuando empezaba a adquirir un preocupante tono azulado, un segundo personaje hizo acto de presencia y entregó la cartera al turista, que dejó caer al agonizante carterista ante la atenta mirada de los curiosos que rodeaban la escena. Los dos cómplices escaparon a trompicones, entre las zancadillas y los empujones de los presentes.

Capítulo IV ‑iestas gallegas

tarte hei, Galicia, na lengua gallega.

(Cantares gallegos)

¡Oh tierra, tes y ahora, siempre fecunda y bella!

(En las orillas del Sar)

Rosalía de Castro (1837-1885)

Poetisa y novelista galega.

Aquel verano, no se repetiría en los años posteriores, íbamos a ntar ir a cuantas más fiestas pudiéramos, fiestas po res como la de la Dorna en Ribeira, la del Agua Vilagarcía de Arousa, la del Albariño en Cambados, peñas en Pontevedra, el Apóstol en Compostela, San Jua n las playas de Marín, y alguna que otra más. Vamos, u nfín de destinos y celebraciones en unos sesenta kilómetr la redonda.

En ninguna de ellas nséis que íbamos a ver las actividades tradicionale rquestadas desde el *Concello*, hablábamos de ir por la noche, en busca de un mundo paralelo de drogas, desenfreno y a ser posible sexo, aunque, demasiado a menudo, en lugar de este último encontrábamos peleas.

No sé si el nivel de violencia de aquella época se dará en igual medida en estos días, hoy estamos más informados de lo que sucede. No había fin de semana que no acabara en enfrentamiento entre barrios, pueblos cercanos, tribus urbanas, equipos rivales de fútbol... Recuerdo como si fuera ayer los bates, cadenas, cascos o navajas, sobre todo del tipo mariposa, cuyo manejo exhibían los más descarados a modo de provocación.

Una noche a la salida de una discoteca en Pontevedra, Johnny y yo descansábamos antes de coger el bus de vuelta a casa. Se montó una buena tangana entre grupos rivales. Johnny se reía de uno que, pese a su pronunciada cojera, participaba como el que más en la lucha. Pensábamos que le iban a partir la cara cuando, para nuestra sorpresa, descubrimos que lo que provocaba la cojera era una catana oculta en el pantalón. Se disolvió todo el mundo allí mismo.

En otra trifulca, también un sábado a las dos de la mañana en el casco antiguo, un chaval tirado en el suelo recibió una patada en la cara que hizo que le explotara un ojo. El sonido fue espeluznante, como [illegible]ndo pinchas un globo. Creo que el pobre chico ni siquier[illegible]nía nada que ver con ninguno de los bandos, simplemente [illegible]taba en el sitio inoportuno en el momento menos adecua[illegible] una pena.

Volviendo a la cara más [illegible]adable de las fiestas, solíamos ir todos juntos, dormíamo[illegible]n casa de algún conocido que tuviéramos por el luga[illegible]o en un camping –más bien, acampada libre. No hab[illegible]tantas restricciones como ahora, con lo que nos podíamos [illegible]rmitir el lujo de plantar la tienda todo el verano en algún [illegible]aje natural privilegiado como la Isla de Ons.

Isla de Ons

Antón, Eaton, Ken, Moha, Demo y yo decidimos irnos una semana de julio a la Isla de Ons. No lo recuerdo bien, pero seguro que alguno de mis amigos recordará si fue alguien más. En teoría había un camping con baños, duchas y zona de barbacoa, pero había que reservar con antelación. Por suerte, en otra zona de la isla podíamos disfrutar de acampada libre, sin «lujos». Cómo cambia la perspectiva con el paso de los años, con menos de veinte no te duelen prendas a la hora de dormir en el suelo, comer bocadillos, beber sin pausa y drogarte sin parar durante siete días.

Salimos a las 8:30 de la mañana del puerto de Bueu, un pueblito pesquero en la península del Morrazo. El trayecto en ferry duraba algo menos de una hora, pero la marejada hizo que no empezáramos bien esta aventura, vomitando a babor y a estribor entre las risas de mis supuestos amigos.

En la isla nos instalamos junto a otras tiendas en una auténtica maravilla de la naturaleza, rodeados de verde y a cincuenta metros de una playa de arena blanca, bañada por un agua cristalina. Pod ser cualquier arenal de Cuba, Cayo Levisa, por ejempl aunque no recuerdo estas aguas gallegas tan cálidas com s del cayo.

En esa zona se instalab n buen grupo de hippies de la época, pasaban allí el erano pescando y vendiendo marihuana y tripis, y c eso vivían. Era como viajar a Woodstock, conciertos provisados, bailes, hogueras... Aquel paraíso prometía mucho. Por supuesto también íbamos cargados de mat l, para sobrevivir esa semana y para vender al mejor pos , aunque era más que previsible que tendríamos compete a. Que no hubiera policía en la isla era un plus para nu ras intenciones y negocios. Los únicos cinco habitantes Ons regentaban un restaurante que abría solamente en v no y que, pasada la medianoche, se transformaba en un . Allí comprábamos cerveza y bocadillos, y socializába s cuando se escondía el sol.

La isla en invierno seg siendo un paraje natural, pero desierto e inhóspito po clima y su ubicación en mar abierto, sin la protección la ría.

La primera noche hici una hoguera y asamos unos trozos de churrasco que íamos llevado de casa. Después de la cena y varias cer as, mi vejiga dijo basta. En la hoguera no había ni un bo de brasas incandescentes ni nada que se le asemejara, pero por si acaso opté por mear allí. Antón, Moha y Demo bajaron a la playa, donde ya se cocía un muy buen ambiente, sonaba Bob Marley y la gente empezaba a bañarse incluso desnuda. El agua estaba helada, en condiciones normales solo un valiente acostumbrado a las aguas del Ártico se habría metido allí, pero el alcohol, la marihuana y el ácido la transformaban en un baño de vapor. Ken y yo llegamos más tarde porque nos quedamos haciendo unas rayas. Al rato de llegar a la playa, típico en mí, me di cuenta de que había olvidado los gramos de farlopa que pretendía vender, mi memoria a corto plazo siempre brilló por su ausencia. No quería dejar pasar la oportunidad de venderla ni arriesgarme a dejarla en la mochila. Cuando volví a buscarla, vi que la tienda de nuestro vecino estaba empezando a arder. Grité despavorido por si había alguien dentro, pero no salió nadie y vacié lo único que tenía a mano y a la vista, dos botellas de agua y una de Coca-Cola, eché tierra con una sartén que encontré allí mismo y con ayuda de una rama conseguí apagarlo. No era una hazaña por la que fuera a merecer una medalla, pero estaba orgulloso, había salvado mi cocaína y mi despiste había evitado una desgracia mayor.

No lo mencioné en su r nento cuando hablamos con los vecinos para averiguar (había ocurrido, pero ahora que el delito ha prescrito, (lo contaré. Había sido nuestra fogata, sí, señores, la hc ra que creíamos haber apagado meando y vaciando los stos de los vasos, no se había extinguido. El viento la ía reavivado durante la noche y el resultado ya lo con(is. Aún hoy suelo contar esta anécdota a menudo cuan surge el tema de los incendios y los descuidos. Superado susto, me reincorporé a la fiesta y entre cubatas, porros y *gae* conté la odisea, que no hizo más que provocar risas y ás risas.

La magia de la noche c tinuaba, más gente desnuda. La única forma de camufla ni erección era meterme en el agua y evitar dirigir l nirada a aquel espectáculo de caderas y tetas bailando (inhibidas a la luz de la luna.

Al día siguiente algun nos despertamos en la playa. Cuando abrí un ojo v a Eaton peleándose con unos mosquitos, pero no le d nportancia porque a mí no me suelen picar. Al rato, ya an varios los que gritaban y no paraban de quejarse. M evanté bruscamente y pude ver millones de mosquitos p todas partes, los sentías en todas las zonas del cuerpo. U auténtica plaga que nos hizo desnudarnos y zambull os en el agua. Aun así se te posaban en la cara, que era lo único que permanecía fuera del agua. Creo que esa tarde, por primera vez en mi vida, algún bicho de esos me picó. Sumergía la cabeza hasta que no podía aguantar la respiración, y nada más salir a la superficie, sentía el bombardeo de los kamikazes japoneses que se lanzaban como escuadrones suicidas. Duró treinta minutos y todos nos vimos afectados, unos más que otros, especialmente Eaton que parece atraer a estos insectos. Según las contó después, tenía ochenta y tres picaduras, parecía Arnold Schwarzenegger, hinchado, megamusculado y hasta el culo de esteroides, con unos gemelos que ya quisiera para sí el mismísimo campeón olímpico de los cien metros. Pongo como ejemplo a Arnold porque en aquella época era un actor famoso y muy cachas, el puto Terminator concretamente, entre otros muchos papeles. Antes de su carrera cinematográfica había sido Mr. Olimpia, campeón del universo de culturismo, y después de sus éxitos en Hollywood dio el salto a la política y salió elegido Gobernador de California, peculiar carrera. Aunque comparta lo que decía Groucho Marx «nunca voy a ver películas en las que el pecho del héroe es mayor que el de la heroína», he de reconocer que he visto todas las de este gigante de origen austríaco.

Pues con este tipo de a[illegible]turas y desventuras finalizamos una fascinante semana e[illegible]ns.

Aunque el pequeño mu[illegible] de la isla estaba abarrotado de gente que, como n[illegible]tros, finalizaba su estancia, conseguimos subir tra[illegible]lgún que otro escarceo. Los pasajeros se respetaban, [illegible] había tensión ni mala educación hasta que aparecía el fer[illegible] Eso de enumerar los asientos no siempre existió.

La calma chicha hizo qu[illegible] viaje de vuelta fuera mejor.

Al llegar al puerto de B[illegible], tras una semana de desmadre y duchándonos en el ag[illegible] del mar, lo primero que nos encontramos fue a los [illegible]dres de Antón, su cara era un poema. Algo rubor[illegible]dos por nuestro aspecto, especialmente Antón, [illegible] acercamos a saludar, pero lo gracioso es que los [illegible]es estaban pasando aún más vergüenza que nosotros. [illegible]seaban con una pareja de amigos que habían venido de [illegible]drid de visita y se disponían a comer una mariscada [illegible]un restaurante del puerto. Los madrileños, que no nos [illegible]ocían, nos habían visto de lejos y habían sugerido a lo[illegible]adres cambiar de acera por la «mala pinta de ese grup[illegible]que venía de frente». Los pobres no sabían dónde mete[illegible] cuando descubrieron quiénes éramos en realidad.

Ortigueira

Después de varios días en casa para recuperarnos de aquella semana en nuestra isla paradisíaca, decidimos ir a uno de los mejores eventos musicales del momento, el Festival Internacional do Mundo Celta de Ortigueira. No es que nos guste mucho la música folk, pero la fiesta y el ambiente son tales que vale la pena vivirlos.

Lo único que recuerdo del concierto fue un increíble solo de guitarra de Pepe Vaamonde Grupo, un fenómeno de la época, al parecer, y muy valorado en el mundillo de la gaita, y desde luego con un muy buen guitarrista.

Al igual que en la isla de Ons, nos alojamos en la playa, en un camping gratuito habilitado por la organización. El paraje era brutal, prácticamente idéntico al de la mayoría de las playas remotas de las costas gallegas, aunque al ser en las Rías Altas, el agua estaba más fría.

El pequeño pueblo de Ortigueira estaba a menos de dos kilómetros, distancia que normalmente hacíamos andando, bailando y cantando después de una buena fiesta en nuestra tienda de campaña. amanecer, tras finalizar los conciertos, rematábamos fiesta bañándonos en la playa del campamento. A s alturas de la película la temperatura del agua era que menos nos preocupaba.

No sé cómo será este fe al hoy en día, entonces acudían más de cien mil perso s, con el descontrol que ello implica. Nosotros repeti s varios años más, pero fue en este cuando nos robaron la tienda de campaña. Mientras gozábamos en el puebl algún listillo se llevó nuestros sacos de dormir y la com , en especial la de Demo, que se había abastecido para si días –igual se le había ido la mano. En realidad, el ro le supuso un alivio, ya que no tuvo que seguir cargan esos doce kilos ni tirarlos, la conciencia le quedaría n tranquila. A mí me sustrajeron una tira de costilla que n teoría, íbamos a hacer el día anterior y no hicimos po ue ya estaba algo estropeada, se deducía fácilmente por e lor. A los ladrones no les iba a sentar bien. De hecho creo que siguiendo el hedor habríamos dado con su c jo, pero entre que los vecinos de tienda nos dieron parte su barbacoa y que los sacos no tenían ningún valor para osotros –eran muy buenos, pero robados en la Base N l a la Infantería de Marina–, decidimos obviar el tema, disfrutar el momento y seguir la fiesta al máximo: *carpe diem.*

Otra cosa habría sido que nos hubieran birlado la coca o los porros. Pero como no fue así, las ventas no decayeron. El contexto era idóneo, un auténtico mercadillo, todo el mundo como loco intentando pillar algo… Había bastantes camellos, pero la demanda era tan alta que no se daba abasto, coca, tripis, hachís, marihuana, pastillas... Especialmente en la carpa *techno*, que funcionaba toda la noche y parte de la mañana, y donde se agotaban en un instante las remesas de éxtasis y MDMA.

Recordar estos festivales desde la perspectiva de hoy resulta, como mínimo, curioso, ya que las medidas de seguridad no eran las mismas. En los *pubs* las salidas de emergencia estaban bloqueadas para que la gente no se colara sin pagar, no solía haber agua en los baños para que se consumiera en los locales, en una discoteca de Vigo reestablecieron el suministro después de varias denuncias, pero agua caliente, casi hirviendo, y esta era la tónica habitual. En resumen, que en esos años no hubieran ocurrido más desastres me parece un milagro.

En realidad, sí ocurrían desastres, todos recordamos aquellos fines de semana con sesenta o setenta muertos en accidentes de tráfico, do[illegible] la mayoría de las víctimas eran jóvenes. El cómputo a[illegible]l ha descendido de cuatro mil fallecidos en aquellos ti[illegible]pos a menos de mil hoy en día. En este sentido, algo esta[illegible]nos haciendo bien.

Capítulo V El Cumpleaños

La droga mata.

`Carlos Avendaño (1974-1995)`

`Yonqui e hijo.`

Mis padres me l ían comentado que tenían una sorpresa para el día de m umpleaños, me la darían durante la comida que con este m vo haríamos el domingo. Pero eso sería con mis pa es, el sábado por la tarde y por la noche lo celebraría con r colegas. Solo faltaban días para volver al instituto y eso y ra motivo de celebración. Era el último año antes de la un rsidad. Sin ningún género de du la fiesta sería épica, por lo que la comida del doming ría acompañada de una buena resaca, aunque a esas ades acostarse al amanecer y levantarse para comer suponía demasiado sacrificio. Algo impensable hoy co nuestros años. Todavía recuerdo acostarme a las siete u oc de la mañana y levantarme a las nueve para ir a entrenar, a entrenar en serio. Esos excesos del pasado aún los estoy pagando hoy.

Gu[illegible]dia civil

La semana anteri[illegible]al día del cumpleaños estuvimos a punto de celebrarlo en [illegible] cárcel, o más bien en un centro de menores por nuestra [illegible]d. Estábamos en una discoteca y yo tenía siete gramos de [illegible]caína para vender. Si me podía sacar un buen dinero, se[illegible] cojonudo, y lo que me metiera me saldría mucho más [illegible]onómico –además, si tenía que invitar a alguien, que s[illegible] ser a una chica, me lo podía permitir.

Me acerqué a un grupo [illegible] treintañeros que estaban medio bailando y tomándose u[illegible] cubatas, parecían de fuera. Les pregunté si querían pilla[illegible] gramo o algo más, que yo sabía quién tenía –creo que de[illegible] que sabía quién tenía me salvó y metió en un apuro a mi [illegible]lega Ken, con quien me estaba tomando una copa justo [illegible]ado de ellos.

Uno de los chicos se me [illegible]ercó un par de minutos después, pese a que me había [illegible]o que no de forma tajante la primera vez.

–Me apetece pilla[illegible] un gramito de esos, ¡vamos al

baño! –me exhortó con acento de fuera, más tarde averiguaríamos que eran de Alicante.

La manera en que me dirigió al baño, cómo se abría paso entre la multitud... Teniendo en cuenta que el que compra nunca lleva la iniciativa, empecé a sospechar que debería tomar alguna precaución. ¡Alerta máxima! Agarré los siete gramos que tenía en ese momento en el bolsillo, dispuesto a tirarlos en cualquier momento. Entramos en el baño y cerró la puerta:

–Te voy a decir una cosa, sé que tú no tienes nada, que lo tiene tu colega, porque no serás tan subnormal de tener cinco gramos encima. Somos guardias civiles –me amedrentó mostrándome la placa–, mis compañeros ya están con tu amiguito, como tengáis más de cinco gramos, nos vamos directos a la cárcel, «sal para fuera» –dijo agarrándome y sacándome del baño, y haciendo hincapié en la cantidad.

Ni me cacheó ni yo tiré nada, siguió sujetándome del brazo y llevándome hacia la salida de la disco. Cuando estábamos a punto de salir, vi a mi colega Ken, que estaba siendo cacheado contra la pared por el resto del grupo. Yo estaba tranquilo porque sabía que él no tenía nada, pero luego me registrarían a mí también y tendría un problema. La cara de mi compañero de fecho s era curiosa, a mitad entre la indignación por el abuso a sorpresa por el abordaje. Justo en la puerta, cogí una pa de una mesa al lado de los porteros y me abalancé s re uno de ellos, un negro de dos por dos. Choqué con él c o si hubiera impactado contra la pared, ni se movió, pero vertí la copa encima, lo que fue suficiente para llevar a ca mi idea.

–Perdón, fue si uerer –no me dio tiempo a decir más. Me apartó de un en jón, tropecé con varias personas y se montó un pequeño tercado. Objetivo cumplido. En medio de la confusión, ndo el agente me soltó, tiré los siete gramos al suelo acia una esquina. Volvió a engancharme y me dirigi acia donde estaba su cuadrilla. Yo ya iba aliviado, me chearon y no encontraron nada, mentimos diciendo que abíamos quién tenía porque si querían pillar algo nos itarían a una raya. Estaban de fiesta y no tenían ganas e complicarse el día, más bien querían complicarse la noche. Aquí fue cuando nos contaron que venían de licante para estar tranquilos de vacaciones y no se la íbamos a joder. Desde donde estábamos rodeados pu ver los gramos y sus bolsitas verde pistacho en el elo blanco de mármol, más llamativas que un negro e Cayo Hueso en medio de la nieve de Teruel, la canela en el arroz con leche. Se fueron, respiramos aliviados. Ken aún estaba en *shock*, la situación lo había cogido de improviso. Me dirigí a la entrada, cogí los siete gramos y nos fuimos. Nos reímos y nos metimos una «puntita» de veinticinco centímetros. Bueno, una o dos…

Como nos habían amenazado con detenernos y darnos una paliza si nos volvían a ver a lo largo de la noche, permanecimos ojo avizor y algo más precavidos. Aunque no había muchos locales donde elegir a esas horas, y más si vas hasta arriba y tienes unas buenas ganas de follar, seguimos de fiesta y cambiamos de discoteca. Y sí, los volvimos a ver en la siguiente también, ellos a nosotros no.

La coca ıa en Galicia

Y llegó mi cumpl ıos.

El sábado quedamos un ıpo de diez para hacer botellón. Con el dinero que me di n para festejarlo con los colegas, compré unas botellas de ›dka y *whisky*. Aunque no todo sería alcohol, tambié habría algunas patatillas y sándwiches de pan Bi o con queso y jamón cocido. ¡Pedazo cumpleaños! Co › en nuestra infancia, pero en vez de Coca-Cola y Fanta, h ıabría otro tipo de bebidas.

En una plaza de la zon ieja nos servimos unos cubatas entre risas y música, te ımos un radiocasete y pusimos algo de rock duro. Así p mos la tarde de puta madre hasta que anocheció, y eso qu n Marín en verano no oscurece antes de las diez, pero e e discusiones de política, priva, alguna rayita, porros y ailes fueron transcurriendo las horas.

Cuando sales de fiesta, claro que te vas calentando, no solo con el alcohol, cocaína o demás sustancias estupefacientes, sino t bién con las chicas que te encuentras. Hay que reconocer que las mayores no hacen mucho caso de un niñato de diecisiete años, y de nuestra edad ya no quedaban demasiadas a altas horas de la madrugada. Pero cuando estábamos en un *pub*, The Rock Club Café, creo recordar, donde nos habíamos metido una raya varios de los que aún quedábamos en pie, pues eran ya las cinco de la madrugada, una chica nos vio desde la barra cuando salíamos de los lavabos y se dio cuenta de que era yo quien tenía las bolsitas de coca. Nuestras miradas se cruzaron y pude observar que, además de tener unos treinta y cinco o cuarenta años, estaba bastante buena. Nos sonreímos y continuamos a lo nuestro. Le lancé alguna miradita más, pero estaba con un señor de unos cincuenta tomando un par de *whiskies* en vaso bajo.

Después de un rato nos fuimos a otro lugar, con pena, puesto que veía esperanzas en aquella MILF, a pesar de que estaba con otro tipo con mucha mejor apariencia de la que podría tener yo.

Ya en otro local, el Ruta 66, solo quedábamos dos: Demo y yo. Este, totalmente derrotado, ya me había dado a entender que se iría tras aquella copa. Yo estaba por irme con él, ya que no se veía mucho ambiente en lo que a chicas se refiere. Cuando estaba a punto de rendirme y ya pensando en la comida del día siguiente [illegible] n mis padres, vi que cruzaba la puerta la chica del Roc [illegible] Club y cambié radicalmente de opinión.

–Demo, me qued [illegible] n poco más, me pido una y me voy luego que es mi cum [illegible].

–OK, yo me las [illegible] o que no puedo más –balbuceó Demo.

Me pedí otra copa y pud [illegible] er que la misteriosa chica estaba sola. Se acercó a la barr [illegible] e puso justo a mi lado, pidió un mojito, me miró y sonri [illegible] ncreíblemente lo tenía hecho, o eso pensaba yo. Esperé [illegible] os minutos –para mí pasó una eternidad, pero realme [illegible] fueron dos minutos– y al comprobar que no aparec [illegible] su acompañante del *pub* anterior y antes de que se me ade [illegible] tara alguien de este, me decidí:

–Hola linda, ¿qu [illegible] tal? –sencillo, pero no se me ocurrió nada más.

Ella, con más edad y ex [illegible] iencia, me recordó directamente el episodio en el baño [illegible] anterior garito. Obviamente me preguntó si tenía más, [illegible] aún tenía medio gramo de esa noche y dos más para ve [illegible] er, por lo que no tenía problema en ese sentido. Se llam [illegible] Uxía, creo que se inventó el nombre, pero me da [illegible] igual. Adelantándose a mi pensamiento –no sé [illegible] yo me habría atrevido a preguntárselo– me dijo que tenía cuarenta años. Yo tenía diecisiete desde hacía unas horas, aunque le dije que tenía un año más, dieciocho. Este tipo de mentiras piadosas están más que justificadas si después consigues ligar, si hubiera dicho la verdad me habría descartado a la primera de cambio. Fuimos al lavabo con disimulo, ella primero y yo al rato. Me hace gracia recordar esos lances después de tantos años y tantas noches, porque en ese momento piensas que lo estás haciendo de puta madre y con disimulo, y realmente se está dando cuenta toda la peña del local. Cuando llegué al baño estaba muy nervioso, tanto que creo que me temblaban las piernas. Llamé al de chicas y me abrió ella, se estaba subiendo el pantalón y pude deleitarme con su tanguita blanco con lazos a los lados. Siempre me perdió el color blanco en la ropa interior.

Dentro de mí parecía que algo iba a explotar, pusimos la cartera encima de la pila, algo rota, al igual que la puerta y los azulejos, algo bastante típico en los baños de los locales en los noventa, sin papel, sin agua, sucios… En fin, aquellos no tan maravillosos años, pero a mí me parecía cojonudo estar en ese lugar tan insalubre y en esa situación.

Cuando teníamos todo preparado, saqué un billete para hacer un *turulo*, hicimos dos buenas rayas con su tarjeta de crédito y todavía nos daba para dos más de buenas proporciones. Le enseñ os otros dos gramos para que supiera que había futuro na táctica para que pudiéramos continuar la fiesta en su a o en otro sitio, o eso pensaba yo. Yo esnifé primero, q uena estaba.

Siempre tuve la suerte d illar calidad, para algo vivía en las Rías Baixas, toda la aína de Europa entraba por ahí. Y como técnica de *mark ng*, es fundamental que la gente sepa que tienes buena me ncía, te buscarán más. Gracias a este negocio fui de los meros en tener teléfono móvil. Creo recordar que me p an casetes de música o botellas de albariño, en función si querían pastillas, hachís o gramos de cocaína.

Miles de toneladas entr n cada año por nuestras rías en una época en la que po a, jueces, políticos, etc. estaban metidos en el ajo, bi porque cobraban sus sueldos paralelos de los narcos, n porque hacían la vista gorda para no complicarse la v y perderla, ellos o un miembro de su familia. Los narc gallegos se hicieron famosos en todo el mundo, especial te en la península ibérica.

En principio, es posible e estos traficantes no hubiesen introducido ni una micr e heroína en nuestro país, más bien toneladas de cocaín Cabe hacer esta mención porque en esos tiempos nuestras calles, plazas, alamedas y, por qué no, institutos estaban llenos de yonquis; adolescentes y jóvenes que habían caído en el drama de la adicción a la heroína. Siempre se dijo que habían empezado con el hachís, para pasar luego a la cocaína y finalmente a la heroína, esa era la progresión. Una generación casi entera se perdió durante la década de los 90, incluido el hermano de nuestro amigo Xeo, Pullup, que recibió este mote en un puerto de Gambia en sus tiempos de marinero debido a su mal inglés. Pullup no fue el único, varios hermanos de otros compañeros de instituto murieron también. Deambulaban por la calle, atracaban para poder comprar el jaco, detenciones, prisión, palizas de policías, de camellos, de vecinos…, un auténtico drama. Y después de que la droga se hubiese cebado con sus vidas, para colmo de males apareció el SIDA, que se llevó aún a más gente por delante. Camino del colegio te los podías encontrar durmiendo en portales con la jeringuilla clavada en la sangradura, y para pagarse el chute pedían por la calle o robaban. Daba angustia el pensar en sus familias, porque al fin y al cabo no eran más que jóvenes que se habían criado en el barrio y a quienes los vecinos conocían desde niños.

Como claro ejemplo de to, recuerdo cómo en un paseo por el centro de A Coruñ erca del Obelisco, junto con dos compañeros del club de letismo, en el descanso de una competición a la cual h íamos ido con el instituto, tres yonquis me rodearon; u me puso una jeringuilla en el cuello y me intentó ame ntar diciéndome que tenía SIDA para que le diera la carte le di un codazo y salí corriendo como el mismísimo C Lewis, sin mirar atrás. Tenía catorce años y demasia mprudencia para las trescientas pesetas que llevaba enc –menos de dos euros que me podían haber salido muy os.

El problema afectaba a t tipo de familias, la mayoría de clase media porque era l ás habitual, pero la clase alta no se libraba, algunos padr perdían hasta sus viviendas por culpa de la adicción de s ijos.

Qué decir de las madr en los cascos antiguos de las ciudades, reductos impe ables que daban auténtico pavor a cualquiera, nada que con las zonas rehabilitadas que conocemos ahora, llenas vida familiar y ocio. Y allí las veías, comprando heroín los camellos para evitar que sus hijos robaran o las agredi n.

Recuerdo a un vecino q de la noche a la mañana, o esa fue mi sensación, cayó ese horror, y poco después de jugar un partido de baloncesto con nosotros enfrente de casa, murió ahogado en el río escapando de la policía. Era un tipo de lo más normal, buen estudiante, amable, atento con los niños… A mí me impactó bastante, porque ni siquiera lo sospechaba a mis inocentes trece años. En teoría, se estaba dando a la fuga después de un atraco, aunque siempre quedará la duda de si a alguien se le fue la mano tras la detención –en aquellos años la policía tenía impunidad absoluta y su palabra era ley.

Una lacra que acabó con la vida de multitud de jóvenes nacidos en los años 70 y que se solucionaría en gran parte al ver, nuestra generación y las siguientes, sus desastrosas consecuencias en los cuerpos de las víctimas, que deambulaban por las calles como escuálidos zombis desdentados con el chándal como atuendo característico.

Volviendo a mi noche:

–*I love this game* –grité con la entonación que le daba el famoso locutor. Una expresión típica de las retransmisiones de la NBA que seguíamos por televisión y que yo tenía por costumbre exclamar tras cada raya, causando furor y risas entre mis amigos.

A continuación, le pasé el talego enrollado y ella se agachó delante de mí, su culo sublime era lo único que asomaba ante mis ojos y, entre la ›ca recién esnifada y mi estado, no pude evitar darle una mada.

–Uxía, estas buen ma –le susurré al oído.

En cuanto acabó de met e su raya, se levantó, se giró y me dio un morreo que m ejó flipado. La cremallera de mi pantalón estaba a punt e reventar, le agarré las tetas, enormes, era una muj con curvas y unas excelentes nalguitas. Metí la mano or su pantalón, pero ella me la sacó y dijo «vámonos, q nos van a pillar». Yo era un niño y ella una mujer, por lo algo de reparo le tenía que dar aquella situación, aunqu o ya pasaba del metro ochenta y para nada aparentaba die iete años.

Al salir otra vez lo mis , pensando que nadie se habría dado cuenta fuimos has la barra y continuamos con la copa. El camarero me o y tanto su mirada como su expresión eran de cagars n mis muertos. Envidia sana.

No recuerdo bien aquel conversación, sí que ella vivía sola en la ciudad, por lo ie mi objetivo era ir a su casa y continuar la fiesta allí, ní no me importaba, de hecho, estaría encantado. Apen enía dinero y a ella tampoco se la veía una mujer de pas Tenía la sensación de que era la coca lo que más la atraí o yo. Lo cual, sinceramente, me daba igual.

Acabamos la copa, le sugerí comprar champán y continuar en su salón, allí podríamos meternos lo que quedaba de coca, ella añadió que tenía bebida.

–La vida es maravillosa, eres mi mejor regalo y vamos a conquistar el cielo –le dije lo primero que se me ocurrió.

Esto prometía y parecía que mi cumple acabaría por todo lo alto.

Llegamos a su casa…

Se quitó la ropa, se quedó con un tanga blanco precioso de encaje, los dos lazos a los lados y alguna transparencia. Infinitamente más bonito de lo que había visto en el baño del Ruta. El sujetador a juego levantaba los pechos como dos volcanes; siempre estuve de acuerdo con que si el tanga y el sujetador iban conjuntados, la que te había querido follar era ella, por lo que esa noche los dos habíamos salido con las mismas intenciones.

–Ponte cómodo –me dijo, besándome.

Para mí eso no dejaba mucho margen a la imaginación, así que me quedé en calzoncillos, sin camiseta, la temperatura era agradable en la casa. Tenía un gran ventanal en el salón, se veía toda la Ría de Marín, se escuchaba U2 de fondo y, sentado en el sofá, pensa) en lo que venía por delante, me sentí muy bien. Supuse q era divorciada y que vivía sola. Descolgué un espejo de pared, lo puse sobre la mesa y vertí el casi medio gra que nos quedaba. Preparé dos tiros e hice un *nevadito* q allí se quedaron.

Lo que me más gracia m acía y lo que realmente más me gustaba eran los prelin ares: ver las rayas y mi cara reflejada en el espejo, y ber lo que aún nos quedaba por delante. Eran las seis y r lia de la mañana. Amanecía y el sol asomaba tras la Isla d)ns al fondo de la ría.

Ella volvió de la cocina)n dos cervezas bien fresquitas, con su conjunto blanco e ba espectacular. Se había puesto unos tacones, tenía un ta je en la nalga, un escorpión. Yo estaba desbocado. La m ca sonaba y yo me sentía en el hiperespacio.

Cogí la cerveza y le di buen trago, le agarré la nalga como quien amasa pan, é y mordí su alacrán. Por mí, la penetraría allí mismo. P ella tenía otras prioridades, me echó a un lado y se ag ó para meterse un tiro. No me pude resistir al verla de e de mí, le aparté el tanga y le hice ver el cielo entre la caína que se estaba metiendo y mi lengua humedeciend u jardín depilado, un adelanto para aquella década. C ndo se levantó tras el *rayote,* encendió el *nevadito*. Aún teníamos para varios más, no sé ni cómo, ni cuándo se acabaría. Cuando me agaché para esnifar, me bajó la única prenda que me quedaba hasta la rodilla, se puso debajo de mí y se introdujo toda mi polla en su boca, sus labios carnosos subían y bajaban, su lengua mojaba todas mis partes por todos lados. Por un momento, me costó aguantarme ante esa primera sensación. Aún era muy joven. La mezcla de la saliva, sus movimientos y el efecto de la cocaína casi hacen que le llene la boca de amor, pero la erupción podría esperar. Se apartó y se sentó en el sofá. Me pasó el cigarro empapado en coca para fumar, mi *nevadito*.

Nos fuimos a la habitación, cocaína y cerveza en la mesilla, «Sunday Bloody Sunday» sonaba por toda la casa, yo acostado en la cama, una luz tenue iluminaba la habitación, tan solo una pequeña lámpara y la que se filtraba a través de la persiana. Como en *Abierto hasta el amanecer*, ella bailaba con sensualidad, su cintura se contorneaba como una serpiente, sus curvas se acentuaban cuando llegaba a ponerse en cuclillas y volvía a subir. Yo estaba a punto de explotar.

Se quitó el sujetador, la gravedad hizo su maravilloso efecto, desató los lazos del tanga, se puso a cuatro patas y giró su cabeza, sonrién ne. La penetré como nunca lo había hecho antes, gocé no un animal golpeando su culo, que vibraba como las ol en el mar. Se entregó completa de todas las formas posil s y yo descubrí el infinito y más allá. Hasta cinco veces egué a eyacular, cocaína para aburrir entre una y otra, r as en las nalgas, mamadas con el pene lleno de farlopa...

Esa noche hizo que el exo pasara a ser una de mis debilidades, más que velada en aquella playa del Mediterráneo, a pesar d haber perdido mi virginidad en esta última.

Adopción

Me fui de la casa de Uxía sobre las 11:00, tenía la comida con mis padres. A ella tampoco le hacía gracia que me quedara, no sé qué tendría que hacer, creo que era más bien porque ya no quedaba coca. Necesitaba dormir algo, mi sonrisa iluminaba mi cara.

Entré en casa, mis padres estaban desayunando.

–Me quedé en casa de Demo –mentí–, llamadme para la comida –balbuceé deseando que fuera para la cena.

Caí vestido en la cama y lo siguiente que recuerdo es que me despertó mi madre. Eran las 14:00. Para mí habían pasado tres minutos, no tres horas. Fue una odisea bajar.

Mis padres me dijeron que habían invitado a alguien a comer a las 14:30, pero los había llamado diciendo que se retrasaría.

Nos sentamos en el sofá, noté que querían hablar, pero que les estaba costando arrancar. En cambio, yo me estaba muriendo por irme a la cama. De repente mi padre se puso serio y me comentó:

–Nosotros siemp quisimos tener un hijo, pero a pesar de intentarlo cor ropecientos médicos, nunca lo conseguimos –me acaric a mejilla. Mi madre me abrazó– Ya tienes diecisiete año creemos que es el momento de que sepas que eres nu ro hijo y siempre lo serás –prosiguió con los ojos vi osos.

El silencio se hizo etern igual pasaron veinte segundos, para mi pasó una eternid o mi vida entera. Desapareció el sueño, desapareció la res , desapareció mi pasado…

–Supimos de un ntro de adopción que necesitaba padres de acogida y allá mos. Te vimos nada más llegar, jugando con un tren.

Mientras hablaba una lág na caía por su rostro.

–¡Piiiiii-piiiii a s i al tren pasitooo! ¡A bajaaa, paradaaa! ¡Maquinista aa a tomaaar caféee, hay que esperaaar! –tenía dos a os, pronto iba a cumplir tres, y corría como una locomo ra por el orfanato como uno de los niños más felices del undo, ajeno a la situación que me rodeaba. Según me com ó mi madre, les había parecido encantador.

Les habían contado que i mamá biológica estaba sola, soltera y pasando unos oblemas médicos que le hacían imposible atenderme. Aunque yo tengo lagunas al respecto, esta noticia fue un impacto muy fuerte.

Se habían ido del orfanato sabiendo que tenían que sacarme de allí y acogerme en su casa cuanto antes. Y con mucha suerte, así fue. De manera temporal al principio y, cuando tenía siete años, de manera definitiva. Mi madre biológica nunca se había recuperado y mi padre ni se sabía quién era.

Un año atrás, habían tenido conocimiento de que mi madre estaba mejor y quería, al menos, conocerme, obviamente esto dependía de mí.

–Quiero que sepas que nunca te abandonó, la situación hizo que le resultara imposible atenderte de manera adecuada. Tenía muchos problemas por su adicción a la cocaína y, además, ingresó en prisión precisamente debido al tráfico de drogas y las malas compañías.

Parece ser que, por aquellos años, aunque había bastantes protocolos de protección, no era raro que los padres biológicos te buscaran y te encontraran. Pocos años después, esto ya sería casi imposible, al igual que adoptar a un niño en España. A partir de ahí empezaríamos a convivir con hermanos chinos, etíopes, rusos… Parece que mucha gente se decidía a emprender esta aventura a la hora de formar una familia.

La interrumpí bruscamen me había quedado muy claro.

–¿Y qué *carallo* uiere ahora? –exclamé con una lágrima en mi rostro.

Sinceramente no sabía ué hacer ni qué decir, la veía culpable de todo, pero ta ién era una víctima.

Sin duda, yo me qued a con mis padres, Carmen y Manuel, que eran los úni s que había conocido en toda mi vida. Y creo que en un cto de generosidad absoluta me estaban haciendo partícip le esto.

Mi madre tomó la inicia a y me sugirió que la conociera, que hablara con ella, que odría contar con ellos fuese cual fuese mi decisión.

Tras superar sus problem y ya fuera de la cárcel, podría plantearme la posibilidad e iniciar una relación, aunque yo no podía dejar de imagi me a mi nueva madre como la vulgar prostituta de un na o.

–Ella está esperan , si la llamamos vendrá a comer y podremos hablar –pedí gua, mi padre me acercó un vaso y les pedí unos minutos a pensármelo. No sabía si sentía emoción, ira, odio o q á amor; esto era imposible de definir para mí en ese mo ento.

Finalmente accedí a quedar con ella, pero no para comer; prefería que viniera después de la comida para tomar un café en el salón y hablar.

Debo reconocer que me dio vértigo. Mis padres me juraron que solo ellos y mi madre biológica sabían de este encuentro, y solo mi abuela, la única que me quedaba viva, conocía el hecho de que era adoptado.

Llegaron las 17:00, la hora a la que habíamos quedado.

Sonó el timbre, puntualidad británica, me pareció extraño.

Mis padres abrieron la puerta, yo esperaba en el salón.

Presupuse besos y saludos cordiales.

Oí pasos, ya venían.

Estaba temblando y por dentro notaba gotas de sudor frío resbalando por todo mi cuerpo.

Me levanté y me situé frente a la entrada.

Mi madre primero, mi padre detrás con ella.

La situación de mi madre me impedía verla.

Se apartó para abrirle paso.

Uxía.

Me vio.

Se desplomó.

Me desmayé.

N[illegible]va vida

Me desperté tum[illegible]lo en mi cama, no sé si habían pasado unos minutos, u[illegible]s horas o unos días. Entre los excesos de la noche ant[illegible]or, lo poco que había dormido antes de la comida, el im[illegible]cto de la noticia de mi adopción y el fulminante *shock* d[illegible]er en mi salón a mi ligue de la noche anterior en esa[illegible] circunstancias, me encontraba bastante aturdido.

En la habitación solo [illegible]staban mis padres. Sus caras mostraban preocupación[illegible], ahora también, cierto alivio. Uxía ya no estaba y no[illegible]bía si le habrían contado algo, preferí no preguntar a r[illegible]bir una respuesta que no quería oír. El tiempo diría, por[illegible] momento yo no quería volver a verla.

Mi madre me acercó un v[illegible]o de agua.

–Toma, cariño, ¡n[illegible]udo susto nos has dado! Es que han sido muchas emocio[illegible] –me dijo, agarrando la mano de mi padre.

–Está bien, ¿ves? [illegible]édate tranquila, ahora creo que debe descansar, tal y como dijo el médico –añadió mi padre, besando a mi madre en la mejilla.

Cerré los ojos y seguí durmiendo, puede que otro día más. Yo habría preferido dormir durante años, hasta que todo aquello se hubiera borrado de mi mente.

Al despertar, ya solo en mi cama, no paraba de darle vueltas a la situación. ¿Cómo iba a enfocar mi vida ahora? ¿Cómo le iba a contar a mis padres que no quería saber nada de mi madre biológica? ¿Cómo iba a volver a ver a esa mujer? ¿Qué horror supondría para mí que mis amigos descubriesen este secreto de mi pasado? ¿Cuáles serían las intenciones de Uxía ahora conmigo?

Se me pasaban por la cabeza mil ideas, desaparecer del mapa tirándome desde la azotea, coger una mochila e intentar empezar una nueva vida en otra ciudad o en otro país… Lo que en ningún momento se me pasó fue enfrentarme a mi madre con la verdad, a ninguna de las dos.

Creo que estuve más de 48 horas encerrado en la habitación sin atreverme a salir. Sin saber qué hacer, sin dormir, con la cabeza a mil por hora y a punto de estallar.

Ya había barajado unas doscientas formas de quitarme la vida y la de Uxía, estaba desesperado. Ojalá nunca nadie supiera que esto había pasado.

La solución a mi proble apareció de repente, salté de la cama, respiré una buena canada de aire y fui directo a la ducha. Iba a empezar ur nueva vida, este revés me había situado al otro lado de l uación y tenía que estar fresco. No podía perder más c encerrado, tenía que salir, el tiempo pasa y no vuel No podía dejar pasar aquellos maravillosos años…

Hablé con mi padre de u idea que me llevaba rondando la cabeza desde hacía un aí un proyecto que más bien había surgido con el propósito divertirme, disfrutar de la vida y prosperar en los estudios l plan estaba pensado para más adelante, en teoría, cuanc mpezara la universidad. Pero en vista de los acontecimie s, me veía abocado a ello. Y lo peor, tenía que convenc os sin contarles por qué quería irme de aquel °fatídic horroroso lugar en aquellos momentos. Con el firn pensamiento de que el haber conocido a mi madre iológica me había impactado demasiado, les sugerí i durante un tiempo, jamás les diría el motivo real.

Poco insistí en el tema e Uxía. Tras confirmarme que estaba bien, que se habí cuperado allí mismo y se había ido, y que por ahora no bían vuelto a tener contacto –lo cual hizo que me encontrara aún mejor–, decidí seguir con mi plan.

Sinceramente, pensé que me supondría mucho más tiempo y argumentos, pero fue relativamente sencillo. Ellos se mostraron colaborativos y me entendieron desde el primer momento. Había decidido, más bien habíamos decidido, que cursaría el año que me quedaba de bachiller, y quién sabe si la carrera también, en otro lugar. Para ello, aunque por mi parte no tenía ninguna duda de a dónde ir, valoramos una serie de lugares y posibilidades. EE. UU., Irlanda o Reino Unido por el inglés –la enseñanza de este idioma era patética en nuestro país–, otras partes de la península, como Madrid, por la cercanía y el parecido sistema educativo, o Portugal, por su proximidad y su alto nivel, especialmente en el estudio de idiomas. El resto de las opciones, Francia, Bélgica, Suiza, etc. fueron descartadas rápidamente por cuestiones económicas, puesto que ofrecían la misma calidad o incluso inferior que las anteriormente expuestas a precios desorbitados.

Ya todo parecía decidido, al menos en cuanto a que me iba al extranjero. Estaban de acuerdo, solo restaba decidir si a Dublín o a Lisboa. Entonces propuse la fabulosa idea que tenía reservada para este momento:

–Mamá, ya que te mos algún familiar lejano por parte de papá y sabemos e el nivel educativo allí es alto –lancé la pregunta–, ¿qué parece si me voy a estudiar este año a La Habana? –órdag ı la grande.

En un par de días, del N rotundo inicial, las posibilidades se habían reducido a La] ɔana o Lisboa. Y como se podría aprovechar ese año para ɜ mi padre visitase la tierra de su abuelo y su ciudad natal aunque parte de su familia ya se había desplazado a la ca ıl de Cuba desde Cienfuegos–, y a esto sumé toda una se de convincentes aportaciones y argumentos, tanto educa os como emocionales, conseguí que mi plan surtiera efe . Un sueño hecho realidad iba a acabar con aquella pesad ı.

Al final me iría a estudia La Habana y me alojaría en casa de un supuesto tío segun o tercero que vivía en el barrio de Centro-Habana concre nente.

Pues no se hable más, qu ,a Habana me está esperando…

Entrada del concierto de La Polla Records.

En los aledaños de la discoteca, al final no entramos y disfrutamos la batalla campal.

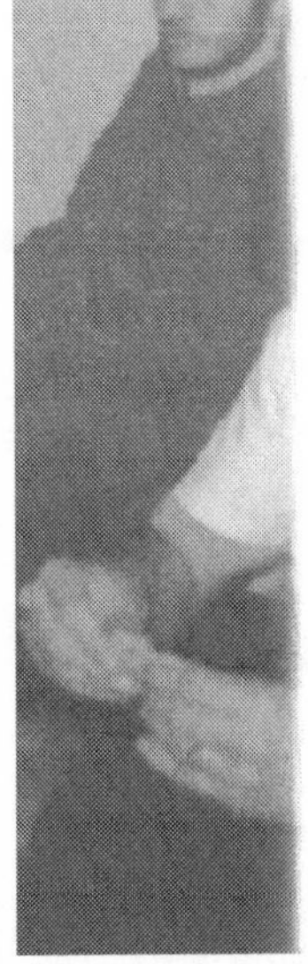

Los recreos en S Benito, fumando hachís.

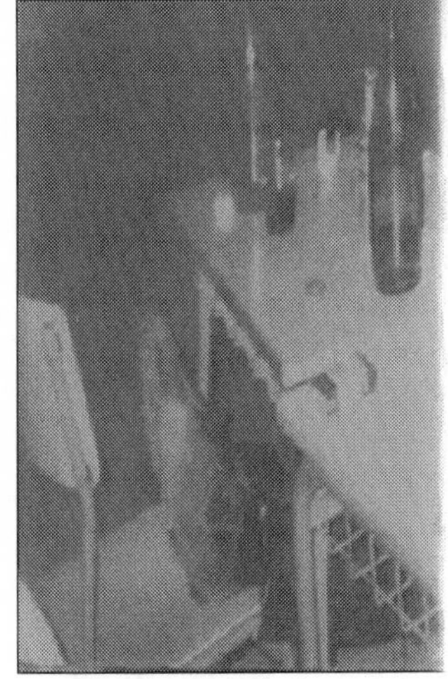

Un sábado por la tarde otellón tras colarnos en el Salón de Act de San Benito.

Descansando en sanfermines, después del encierro.

Observando a los guiris en la Plaza del Castillo de Pamplona.

En casa, recién lleg o tras una semana en Ons.

Casi treinta años despu , dando un paseo por la famosa playa la isla de Ons.

Festival de Ortigueira. Abajo, en el centro de la foto, Demo entrando en la tienda.

Concierto folk en Ortigueira.

The Rock Club Café, ıde vi a Uxía por primera vez.

En el Ruta, minutos tes de encontrarme con ella.

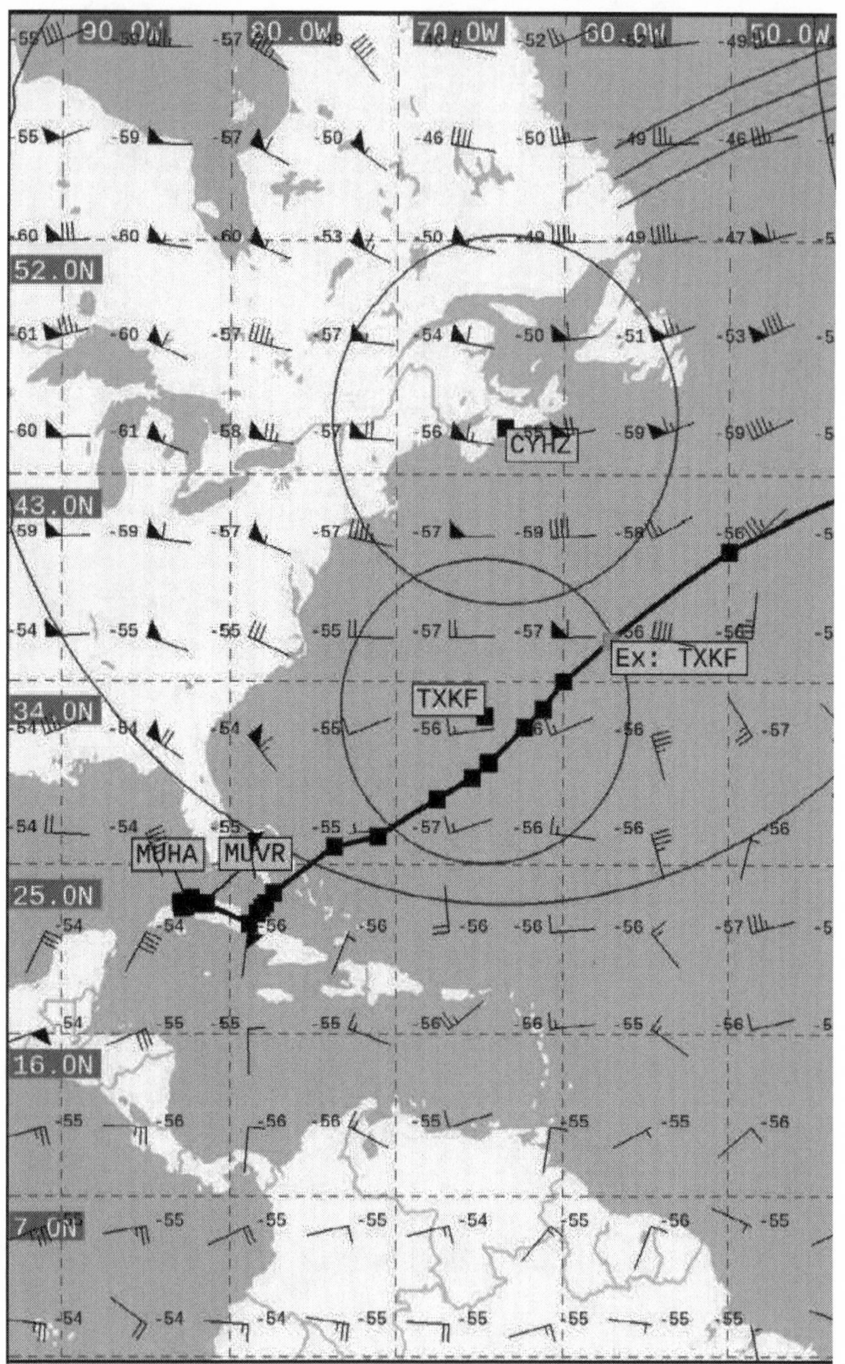
90.0W
80.0W
70.0W
60.0W
50.0W
52.0N
43.0N
34.0N
25.0N
16.0N
7.0N
CYHZ
TXKF
Ex: TXKF
MUHA
MUVR

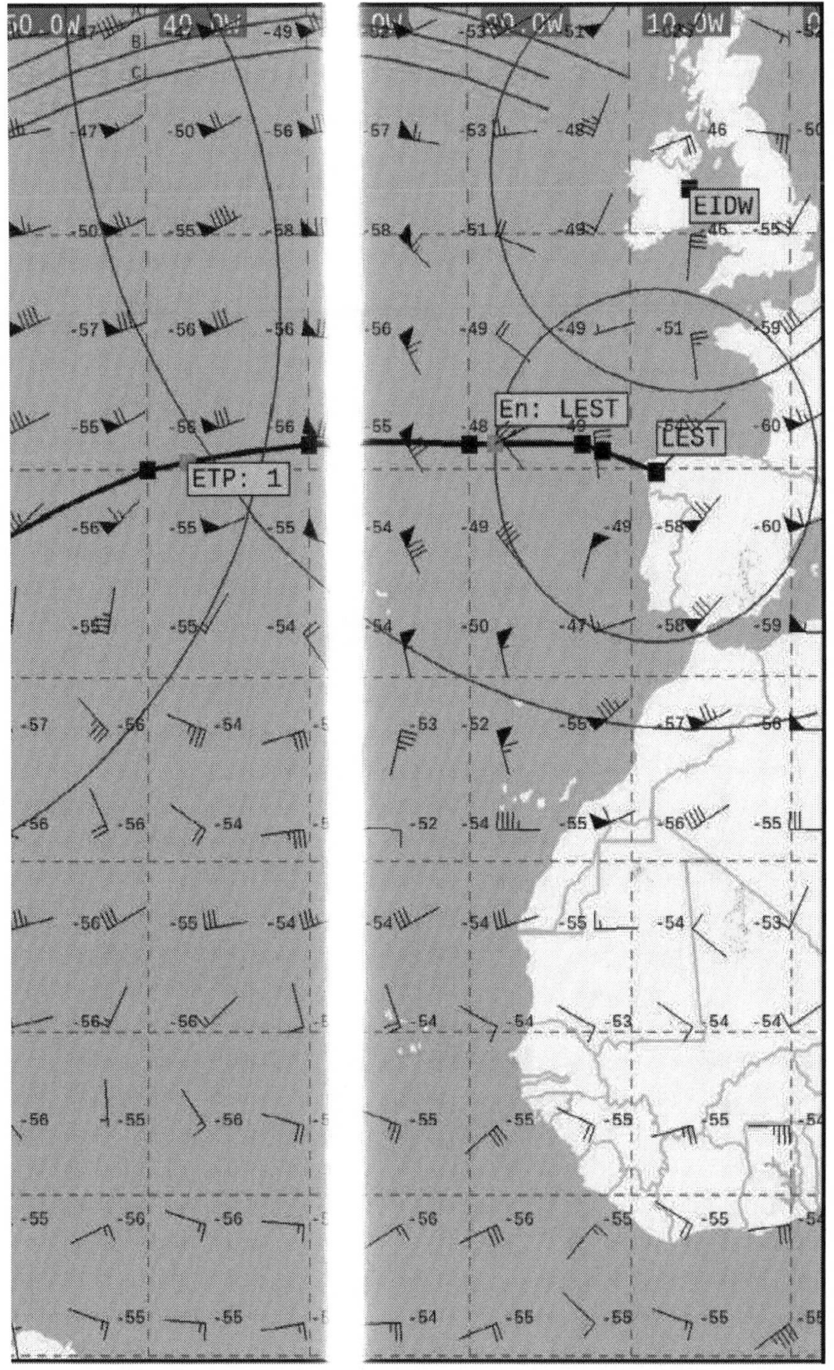

50.0W
40.0W
30.0W
10.0W
EIDW
En: LEST
LEST
ETP: 1

Llegada a La Habana, con mi tío Heriberto.

El inolvidable Pacheco tomando el sol en la puerta de su casa.

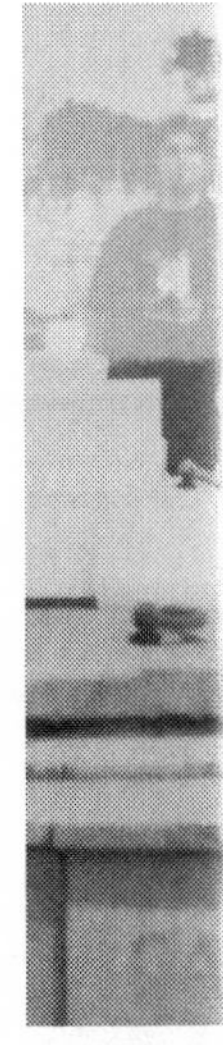

Tumba de Capablan , en vez de una cruz, un rey.
A 20 metr descansa Pacheco.

Centro-Habana. N tíos camino del mercado.

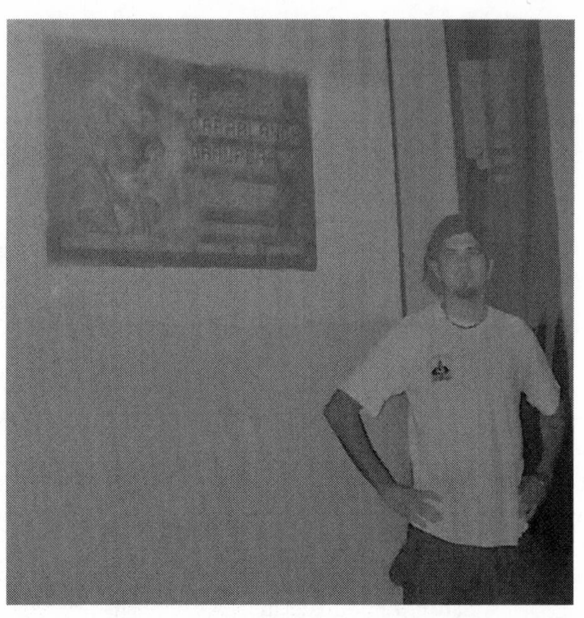

En el Club de Ajedrez Capablanca, cerca de mi casa.

Granma

ÓRGANO OFICIAL DEL COMITÉ CENTRAL DEL PARTIDO COMUNISTA DE CUBA

Falleció el Comandante de la Revolución Juan Almeida Bosque

Con profundo dolor, la Dirección del
rtido y del Estado comunica a nues-
pueblo que el Comandante de la
volución Juan Almeida Bosque,
embro del Buró Político y Vicepre-
lente del Consejo de Estado, falleció
esta capital a las 11:30 de la noche
ayer 11 de septiembre, como conse-
ncia de un paro cardio-respiratorio.
l compañero Almeida nació en la
ital del país, el 17 de febrero de
27. En medio de las privaciones de
hogar humilde y numeroso, con

constituyen un invaluable aporte al conocimiento de nuestra historia.

Asumió con particular amor y entrega la tarea de presidir la Asociación de Combatientes de la Revolución Cubana. Consagró sus últimas energías a garantizar que la organización fuera un sólido y efectivo baluarte de la Patria.

El nombre del Comandante de la Revolución Juan Almeida Bosque permanecerá por siempre en el corazón y la mente de sus compatriotas, como paradigma de firmeza revolucionaria,

Prensa cubana con la noticia del fallecimiento del más querido de los comandantes, que daba nombre a mi instituto.

Parte trasera d nstituto Juan Almeida.
Cafetería d esenia en los bajos.

Malec de La Habana.
Bajo el Hotel Nacion os besamos por primera vez.

Entrada del cine Yara, *Fresa y Chocolate* o *Guantanamera*, nuestra primera película juntos.

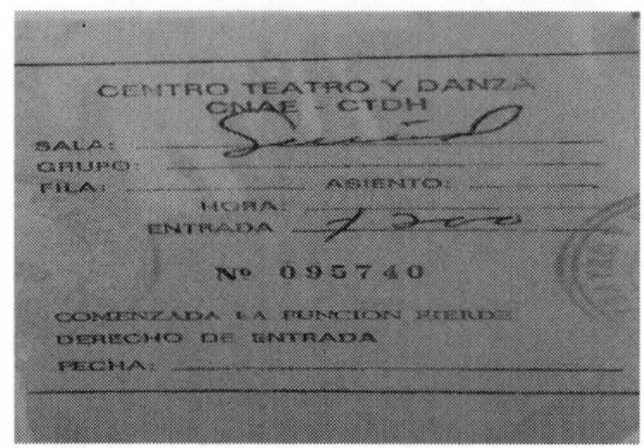

Entrada del Centro de Danza, actuación de títeres, Yesenia y yo llevamos a mis primas Yusimit y Yindra.

Espectáculo cómico-musical en el Teatro América. Nos invitaron mis tíos.

Albert en la ventana (*camello* camino de la fiesta de inauguración del curs n la playa, Capitolio al fondo.

Centro Gallego o an Teatro de La Habana.

Embajada de la U S en el barrio de Miramar.

**Ciénaga de Zapata, criadero de cocodrilos.
Yusimit acarició a este ejemplar.**

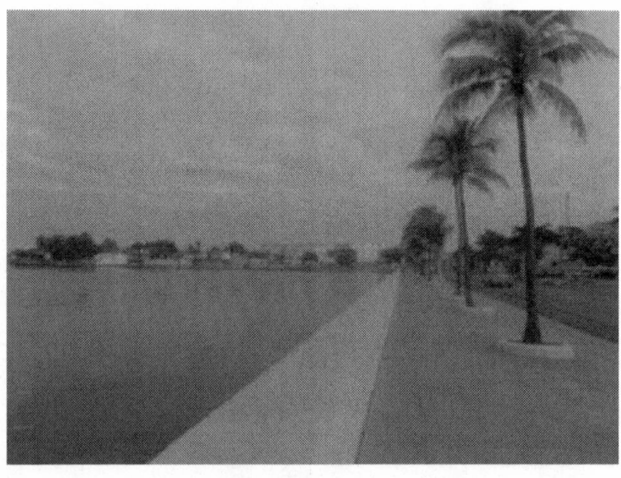

Malecón de Cienfuegos, inolvidable paseo con mis dos familias.

Antón con Fidel Cast y el presidente de Guatemala.

… *mi daiquirí en* *Floridita* con Hemingway.

En el barco, después del accidente mientras buceaba.

Entrada a La Casa de la Música de Trinidad.
Turista canadiense y Moha.

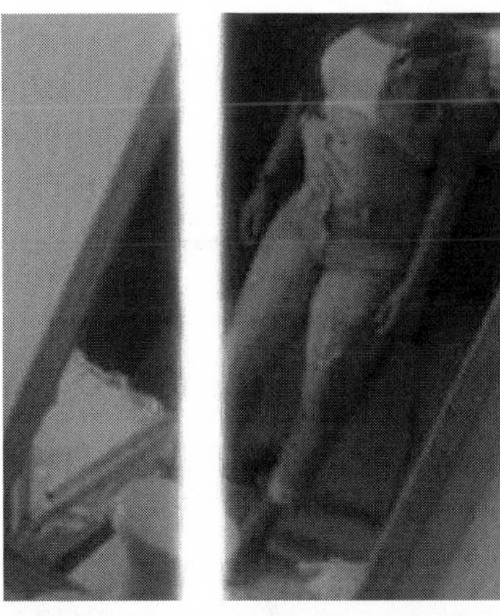

Reflejo en el espejo de mi habitación.

Yesen[illegible] en Cayo Jutía.

Parte II. La Habana, Cuba

Capítulo VI. [illegible]eríodo Especial

[illegible]o está en querer, a vontade e a forza

de [illegible]tos pode arrincarlle zume ás pedras.

Xosé Neira Vilas (1928-2015)

Peri[illegible]sta, escritor y poeta *galego*.

Aterricé en el A[illegible]puerto Internacional José Martí de La Habana a prin[illegible]os de septiembre. Desconocía totalmente a quién deb[illegible]el nombre el aeropuerto, pero pronto lo sabría: un hito [illegible] la historia de Cuba en la lucha contra los españoles po[illegible] independencia y un fenómeno literario y cultural que, [illegible]le aquel entonces y hasta hoy en día, está presente de tod[illegible]las formas posibles a lo largo y ancho del país (bustos, [illegible]s, cuadros, monumentos, etc.) y es fruto de estudio en [illegible] centros de enseñanza de toda Cuba.

A mi llegada, el país [illegible]ro estaba sufriendo una de las etapas más horrorosas [illegible] su historia, ya que su principal socio comercial se había desintegrado. La caída del muro de Berlín, junto con otras causas, había precipitado el fin de la URSS como superpotencia a pesar de la *perestroika* de Gorbachov. Siendo este todavía Secretario General del Comité Central del Partido Comunista de la Unión Soviética, también fue remarcable el accidente de la central nuclear de Chernóbil. Y ya que estamos en Cuba, la cara menos conocida de este terrible episodio es que, desde 1990 hasta hoy, más de veinticinco mil niños víctimas de la radiación pasaron por las playas de Tarará, a treinta kilómetros de La Habana, donde se les habían dispuesto dos hospitales con más de treinta ramas médicas y alojamiento para ellos y sus familias.

Estos acontecimientos supusieron que Cuba declarara el Período Especial. La principal y prácticamente única nación con la que mantenía una relación comercial, el sustento fundamental del país, abandonaba a su suerte a su amigo comunista en el Caribe. Una fatídica época que parecería señalar el final del régimen castrista, pero nada más lejos de la realidad, más de veinticinco años después todavía sigue en pie, con la broma recurrente de los cubanos de que el Período Especial nunca finalizó. El rumbo de esta negra etapa cambiaría en los años 98 y 99 con la aparición de dos aliados inesperados: el c andante Hugo Chávez y el papa Juan Pablo II.

El haber llegado en esos s hizo aún más peculiar mi paso por la isla, con todas sus ticularidades, que igual fuera de Cuba no se entienden, pe seguro resultan simpáticas.

Siempre suelo pensar qu o que realmente es un problema grave en Galicia es inex ente en La Habana y viceversa, un problema serio Cuba no supone ninguna preocupación para noso : léase hipoteca, pagar la luz, colegio de los niños, atas , visitar a un allegado, teléfono, reunión familiar, etc. viamente, sin tener en cuenta problemas médicos o m tes de familiares, que tenemos claro que afectan a cas odos los países del mundo por igual.

Mi tío, que realmente era hermano de mi abuelo por parte de padre, me esperaría la zona de llegadas tras los eternos controles de aqu ntiguo y desgastado aeropuerto, donde tantas alegrías y tr zas se ven diariamente.

Una bocanada de aire c ente casi me tumba al salir del avión, que estaba en rem , es decir, había aterrizado en un parking de pista y no es a conectado al *finger* o pasarela que une el avión con a terminal. La impresión fue impactante, ya que no ría esperado esas temperaturas con una humedad tan alta, aún recuerdo hoy en día el golpe de calor. El contraste con el aire acondicionado del avión fue demasiado. Quizá fue ese día o por ser la primera vez, pero nunca más volví a sentirlo con la misma intensidad, ni en otros países cálidos ni en mis siguientes viajes a la isla.

Primer control, pasaporte, visado, entrevista para ver a dónde voy, con quién, un exhaustivo interrogatorio debido a la particularidad de mi visa de estudios y por estar alojado en la casa de un familiar. No estaban acostumbrados a este tipo de visitas, ya que los turistas en aquella época iban directamente al hotel y su visa era de turismo. Hay que tener en cuenta que el país se encontraba en máxima alerta debido al Período Especial y a la siempre latente amenaza imperialista, que a pesar de la abundante retahíla teórica por parte del Estado, no era para tomársela a guasa. Recordemos, entre otros, los atentados en distintos hoteles que causaron la muerte de varios turistas, o la voladura de un avión comercial con todos los pasajeros dentro, incluida la selección juvenil nacional de esgrima.

Segundo control, mi equipaje de mano, arco de seguridad. Aunque mi vuelo era de llegada y ya había sido revisado en Madrid, todo el equipaje de mano vuelve a pasar por el escáner y yo, por el filtro de seguridad. Demasiados controles, pensé, ni en l opa, ni después del 11-S. Creo que existen en pocos paí a día de hoy.

Tercer control, médicos alud. Sentadas en varias mesas, con pequeños huecos ent ellas por donde era obligatorio el paso, se encontraban s doctoras y enfermeras del Ministerio de Sanidad. nplemente pedían pasaporte del viajero, país de origen y calas del viaje y, en función del aspecto y las respuesta indagaban bastante más. Años después, con el tema d la COVID-19, pude comprobar cómo se agudizaban as inspecciones, todavía más exhaustivas e intensas. Nunca había visto un control sanitario similar en ningú otro país antes del coronavirus.

Cuarto control, equipaje duana. Ya después de retirar la maleta, existe otro peculi control, donde el oficial de turno comprueba que tu malet s la tuya, y además decide abrir algunas para ver si in sas algo particular en el país. Aunque tu maleta fact da haya pasado mil controles antes, ellos te la vuelven chequear. Como yo era español, al enseñar el pasaporte ne dejaron pasar con todo mi equipaje. Pero pude ob var cómo a la totalidad de los cubanos les sacaban sus tenencias, a algunos les robaban sus cosas con la excusa cualquier prohibición, y era un continuo pago de soborn para poder introducir en el país lo más básico –recordemos la época de escasez que estaba pasando la isla entera, y todos los familiares o amigos del extranjero traían algo a los suyos.

Por fin, mi tío Heriberto con un cartel, más bien un trozo de cartón con mi nombre escrito a lápiz, Santiago. Nos dimos un enorme abrazo y un beso nada más vernos.

Era de cara gastada, fruto del trabajo, barba de dos o tres días, piel no tan clara ni tan oscura, ascendencia española en sus raíces. Casi tan alto como yo, delgado, esbelto y ya con una calva que asomaba entre los pequeños rizos blancos y le hacía parecer mayor de la edad que realmente tenía.

Nos encaminamos hacia el coche o hacia el carro, como me dijo mi tío, que es la expresión que tienen ellos para referirse al automóvil. Aunque en este caso era un almendrón, que es como denominan a los carros de las décadas de los 40, 50 y 60, presentes por miles en todas las ciudades y pueblos.

Camino del coche, no eran ni cien metros, muchas preguntas de policías a mi tío, que a dónde íbamos, que quién era, y una multitud de cuestiones que me parecieron fuera de lugar. Pero no era lo común en aquel año una visita de esta manera, ni que un extranjero conociera así a un cubano, no era el turism l que estaban acostumbrados, ni era tan numeroso como e e hoy en día.

Dejamos mis dos maleta igantes en el maletero, eran casi dos armarios. Venía pa pasar un año como mínimo, y procuré traer todo lo qu podría necesitar pensando en la vida de un adolescente Galicia, no aquí. Enfilamos la avenida de Boyeros cam al barrio de mi familia, Centro-Habana, que como su opio nombre indica está en el corazón de la ciudad.

Ya era de noche, estaba ansado y tenía ganas de llegar. Aparcamos delante de a, toda la familia estaba fuera esperándome, mi tía Car d, mis primas –por llamarlas de alguna manera, ya que e muy lejanas– Yusimit y Yindra y alguna otra gente más. is primitas eran unas niñas y mis tíos eran sus abuelos, l padres estaban en Miami. Dos preciosas niñas de uno ocho años y piel color canela, delgaditas y con una me a negra rizada hasta la mitad de la espalda. Nadie podría lar que eran hermanitas.

Caridad era una mulata igueña, oscura, alta y rellenita. Tenía cara y cuerpo de b na cocinera. Unos labios grandes y una sonrisa de lado a o. Sin duda, aparentaba ser muy buena persona.

Pero allí habían venido otros allegados de la familia, hasta de barrios de las afueras de La Habana, que habían salido esa mañana para llegar casi a la misma hora que yo. Desde luego ya dormirían allí. Y vecinos que sabían de mi llegada, unas veinte personas. Me gustó el recibimiento, una calurosa bienvenida, y sobre todo parecía sincero. Esa misma noche los sentí como de mi familia, parecía que nos conocíamos de años atrás.

Os contaré la moda de los nombres con «y», los nombres rusos y la *generación Y*. Siempre fue muy particular y a mí me pareció bastante llamativa y curiosa la elección del nombre en Cuba. Aparte de mis primas Yusimit y Yindra, podemos encontrar muchos más, por ejemplo, Yanisey, Yanier, Yanelys, Yasbel, Yoelkish, Yunier, Yaimara o Yasmany. Adivinar si estamos hablando de un hombre o una mujer es imposible, hay que ser cubano y aun así tengo mis dudas de que se acertaran todos.

Esta moda de llamar a los hijos con nombres tan peculiares coincide con la llegada en los años 60 de miles de rusos. Parece ser que muchos nombres rusos empiezan por «y», como son los casos de Yordanka, Yuri, Yekaterina, Yulia, Yaroslav, Yefrem o Yakov, y esto produjo un impacto por su exotismo entre los cubanos, que empezaron a usar estos nombres con sus hijos. C ndo agotaron los nombres rusos con «y», el ingenio pc lar inventó cientos de nuevos nombres que empezaban n esta letra. Fue una generación nacida a partir de los añc chenta. Con el tiempo pasaron a ponerla intercalada, edmys, Raymundo, Mayren, Dyanelis, Mayra… Otro iombres curiosos son Daneisys, mezcla de sus padres Da l y Deisy, u Odlanyer, el nombre de su padre al revés, Rey do.

Antes de esto también e ivieron de moda otros nombres rusos, por eso entre los oanos es tan frecuente encontrar personas llamados Natas Dimitri, Vladimir, Lenin, Igor, Olga, Anatoli, Stalin, V or, Ivanka o Lianka, entre otros muchos.

La casa nunca me la ha a imaginado así, no había visto fotos, no existía Internet i allí ni aquí. Y alguna foto que yo había podido ver por i padre o mi abuelo era del campo de hacía muchos años.

Las paredes estaban d ascaradas, la cocina era muy antigua, con gas natural, o sí. Todo se veía infinitamente gastado, viejo y usado. L intura era de colores apagados y los muebles parecían anticuario, incluso un piano adornaba el salón, no fu onaba, pero le daba un toque de alta sociedad. Había tres ibitaciones, la de mis tíos, la de mis primas y la mía, que estaba construida encima del salón; como era una casa de techos altos, habían aprovechado esto para hacer otra habitación, que allí se llama «barbacoa».

Subí por una escalera de piedra estrecha y sin barandilla hecha a medida y dejé mis maletas al lado de la cama. La habitación era coqueta y acogedora, tenía un armario enorme donde cabía de sobra todo lo que había llevado, junto con la ropa de la familia, lo que me dio a entender que entrarían en mi cuarto cada vez que necesitaran algo. También había una mesilla pequeña con una lámpara barroca, como de mi bisabuela, y una cama de matrimonio que ya tendría unas decenas de años. En una esquina estaba el escritorio, sin lámpara ni enchufe, pero cerquita de la ventana. Tendría luz natural, y parecía que sol allí tenían bastante. No me preocupó absolutamente nada, ni hizo que me arrepintiera de mi decisión esa primera y tan chocante impresión inicial.

Sonó el teléfono varias veces desde que llegué, pero ahora sí que eran mis padres, antes habían sido familiares, confusiones o vecinos. Solo me podían llamar ellos a mí, nosotros no podíamos y además era tremendamente caro. Tras tranquilizarlos, ya estaba en casa, todo había ido bien, la familia era estupenda y o estaba encantado, prometieron entre lágrimas venir pror y llamar cada semana. Me costó contener el llanto durant sta llamada, pero estaba rodeado de gente pendiente de lo ue hablaba, así que me mordí el labio y aguanté.

Me dejé caer y casi me h do, este no era mi colchón. Aun así, caí rendido. Estaba trozado y al día siguiente quería ir al instituto y empeza s trámites para mi inscripción. Suponía que habría com caciones, sabía de la burocracia en España e imaginé que uí sería parecida o incluso peor. No me equivoqué.

Preuniversitaria

A las siete de la mañana el sol entraba por los pequeños agujeros de la ventana de madera. No tenía persiana, tendría que ir acostumbrándome a esto, además de a la música, al ruido de los carros y al vocerío de la gente, que ya entraba por todos lados desde hacía casi una hora. Había dormido a medias por la cama nueva, más bien por el colchón, que era nuevo para mí, pero antiguo a todos los ojos. No tenía pensado madrugar tanto, pero a esa hora ya tenía los ojos como platos y muchas ganas de salir a realizar mis trámites, conocer mi instituto y, por qué no, ver a alguna mulatita, tenía diecisiete años.

Cuando llegué al Instituto Juan Almeida Bosque, sinceramente me embargó una sensación de preocupación. El edificio, a simple vista, estaba obsoleto. Desde la calle se podía apreciar que las ventanas de algunas aulas no tenían ni cristales. Hoy en día, seguro que algunos de nosotros lo consideraríamos en ruinas. Pero dentro emanaba vida por todas las esquinas, alegría por todos los rincones. Alumnos para arriba y para abajc rofesores y padres apresuraban sus pasos de un lugar otro; eran los últimos días de inscripción, pero alguna lases ya habían empezado y los maestros ya estaban con jornada al 100 %.

No quería ni imaginarme mo sería esto el lunes cuando se iniciara la totalidad de la clases. Y si el nombre del centro era en homenaje a un cor ndante y héroe de la Revolución, famoso también por sus tras y canciones, creo que estas clases serían una auténtic ebelión y fiesta.

Me dirigí directamente l ala de Secretaría, todos los alumnos me veían, me s ían con la mirada, era un bicho raro allí y no por el colo e mi piel, las había más blancas que la mía, pero se veí a leguas que yo era extranjero. Quizá la ropa, el acento l perfume o la mezcla de todos ellos.

Cuando entré en aquel c s de papeles, archivos y cajones llenos de fichas, me encc é a dos señoras obesas sentadas, una atendiendo a sus uñ y la otra fumando. Lo primero que me vino a la mente que aquí no tendrían ni idea de mis datos ni de mi soli ad. Pues todo lo contrario, tras dejar su manicura para m adelante y al ser mi caso único y particular, lo tenían casi do preparado. No tardó más de cinco minutos en encon r los papeles. Mi tío Heriberto había adelantado faena desde que le habíamos comunicado la decisión de estudiar en mi nuevo hogar.

Contra todo pronóstico, allí estaba mi expediente, previo pago de una pequeña cantidad en el banco; tras hacerme ir al despacho del director a por un sello para autorizar la operación, todo parecía arreglado. Los libros me los suministrarían el primer día de clase, junto con el programa del curso y el listado de normas a cumplir. Aunque los trámites resultaron un éxito, perdimos la mañana entera.

Comimos arroz con frijoles acompañado de agua del grifo hervida previamente, mi tía me puso en preaviso, esto sería nuestro fundamento durante prácticamente todo el año. Por la tarde me probé el uniforme, me quedaba bastante bien, camisa blanca y pantalón azul marino, curioso volver a usar un uniforme. Desde la EGB que no me ponía uno y no me hacía demasiada gracia, aunque hoy considero que es un ahorro para las familias y genera más igualdad entre clases sociales. A pesar de que mi padre mandara dinero, muchas veces no había en las tiendas lo que querías comprar, había demasiadas carencias, tanto de comida como de material escolar. Debía cuidar tanto la ropa como los libros, al contrario de lo que había hecho en mis cursos anteriores en Galicia.

Salvo alguna ida y venida más de lo habitual al baño, el agua hervida y la comida no me habían mandado al hospital, como alguna de mis primitas había sugerido que ocurriría. Pero esperaba acostumbrarme pronto, esto sí que sería un cambio importante en mis hábitos alimenticios.

Decidí no agobiarme por conocer todo rápido y apurado, tenía todo el año, no los quince días de un turista. Tenía tiempo suficiente para conocer la verdadera Habana, además de sus noches, sus chicas y sus malos barrios.

Justo enfrente vivía un viejo jubilado del puerto, tenía ya más de 80 años. Cuando salí a desconectar de la casa y la familia buscando airearme, vi que estaba jugando una partida de ajedrez con otro socio, como denominan a su compañero o amigo. Enseguida, al ver que me paraba, me invitó a un café y a jugar con ellos. Pasamos tres horas fumando unos tabacos que él tenía, que es como ellos denominan a los puros. Se los suministraba el estado a través de la cartilla de racionamiento que tiene cada cubano –según sus necesidades, hijos, enfermedades, edad, etc., les entregan una serie de alimentos y demás productos de primera necesidad a precios muy económicos; el tabaco estaba en la libreta.

Se llamaba Pacheco, era alto, un metro noventa como mínimo y muy delgado. Jugaba bien al ajedrez, me enseñó bastante, con una paciencia infinita, muy buena gente. Vivía solo en una humilde vivienda de un cuarto, con su cocinita antigua. Verlo aquí con esa edad y en esas condiciones nos daría bastante pena, pero estaba de buen humor a todas horas, ¡qué envidia!

Su rival era un militar recién retirado del servicio, que también había estado destinado en el puerto; se llamaba Carlitos, un diminutivo derivado quizá de la gracia cubana, porque era grande y gordo. Se marchó antes que yo y Pacheco luego me advirtió: –Solo juego un par de partidas con él algún día, pero este anda en negocios muy raros y trapicheos –señalándome con el dedo.

Como mi nuevo amigo ya tenía sus años y lo nuevo y desconocido siempre a estas edades algo asusta, pensé que sería en lo que andaba casi todo el mundo, nadie podía subsistir en Cuba sin alguna cosita en el mercado negro o algún familiar en el extranjero que enviara algo de dinero. Más adelante descubriría que realmente Carlitos no era trigo limpio, y que se ocupaba de negocios muy al margen de la ley.

Con Pacheco pasé muchas tardes a lo largo de aquel año y fue una de las personas que no me hizo sentir ni que estaba en otro país, ni morriña por estar alejado de mi gente y mi tierra. Con él visité la tumba del campeón del mundo de ajedrez de los años 20, el genio Capablanca, considerado uno de los cubanos más universales, el Mozart del ajedrez. Su tumba reposa en el Cementerio Colón, donde hoy en día está el gran Pacheco, que murió a los cien años, junto con multitud de monumentos, mausoleos y recuerdos a toda la emigración gallega que en épocas pasadas tomó Cuba y casi toda Latinoamérica por millones.

El lunes, muy nervioso y casi arrepintiéndome de la decisión de haber venido a este país, me dirigí a mi primer día de clase. Al llegar al centro, aquello era un hormiguero, me costó encontrar mi aula, varios pisos y varios edificios. No quería llegar con todo el mundo sentado y la clase empezada, no me gustaría llamar la atención el primer día. Nada más entrar, el profesor, un joven mulato, se dirigió a mí. Me resultó muy extraño, estando como estaba acostumbrado a los viejos gruñones de mi anterior instituto.

–Hola compañero, soy Raúl, tú debes de ser

Santiago. Tengo aquí tus libros y este es el programa, seré tu tutor y no dudes en acudir a mí si necesitas ayuda –me calmó muy amable.

–Gracias, profesor Raúl –cogí mis libros. Estaba algo más tranquilo.

En mi aula habría unos treinta alumnos, la mayoría negros o mulatos y la mitad, chicas. El uniforme y el color de la piel de aquellas alumnas producían una sensación maravillosa en un chico de mi edad; nunca había visto algo así en mis años anteriores, donde en mi primer curso en San Benito había tres chicas y treintainueve chicos. El curso prometía.

Estaba sentado en la mitad de la clase, en un lateral, tenía compañeros delante y detrás, a mi derecha un chico que se llamaba Albert, en realidad era Alberto, pero para diferenciarlo de su padre le había quedado ese diminutivo. Alto, más que yo, mulato, con el pelo rizo y algo largo. Se le veía fuerte, aunque no había gimnasios, por lo que se deduce que debería hacer algún deporte o ejercicio en casa. Luego me confesaría que se mataba en casa a abdominales y ejercicios con pesas caseras: botellas de agua llenas de arena e inventos por el estilo. A lo largo de mi estancia en La Habana descubrí lo que es el ingenio cubano, era increíble cómo inventaban de la nada para sobrevivir y hacerse la vida más fácil.

Albert, además de ser un estudiante brillante, tocaba la trompeta en el conservatorio y en varios grupos de la ciudad, con los que daba conciertos en celebraciones, discotecas y hoteles.

Hicimos muy buenas migas desde el principio, yo necesitaba más que nada en el mundo un compañero para entender la ciudad, el instituto, el carácter de la gente, algunas palabras y un sinfín de cosas nuevas para mí. Aunque el idioma era el mismo, adaptarse y de una manera tan rápida como yo lo necesitaba me iba a costar.

Durante la semana fui conociendo al resto de profesores y a los alumnos de mi clase, haciendo los deberes, pasando a limpio los apuntes y estudiando asignaturas nuevas para mí, como Historia de Cuba, Marxismo, Preparación Militar y alguna otra particularidad. Me lo había tomado realmente en serio, ni me conocía a mí mismo.

Con Albert volvía a la casa todas las tardes, vivía cerca de mis tíos, así pude coger más confianza, conocer a más gente y enterarme un poco de cómo funcionaban las cosas.

Para celebrar el comienzo del curso, Albert me dijo que harían una fiesta en la playa. Si quería ir sería el sábado por la tarde, «con música, ron y chicas», me recalcó. Sin ningún género de duda, le dije que iría. Qué buena idea para empezar el curso.

Quedaríamos esa misma tarde cerca de mi casa para ir en el *camello*, un tráiler que tiraba de un remolque en el que había una estructura a modo de autobús tremendamente largo con dos jorobas, que eran las que daban nombre a este medio de transporte tan típico y único de Cuba. Funcionó durante muchos años y salvó parte del problema de la movilidad de los ciudadanos en los peores momentos de la crisis. Posteriormente los cambiarían por autobuses y los relegarían a otros lugares de la isla –eran camiones gigantes y estaban destrozando el asfalto de las calles.

El sábado me recogió en la puerta de mi casa y nos dirigimos hacia la parada. Yo me encargué de comprar una botella de ron, no tenía ni idea de qué llevar, pero Albert me recomendó eso, para ir haciendo amigos. Al ser de fuera y recibir el dinero que enviaban mis padres, tanto a mis tíos como a mí, pues disponía de bastante más presupuesto que mi amigo.

Él llevaba la trompeta, la parada estaba abarrotada, por lo que habría una buena pelea por subir. Una hora de charla y espera hasta que apareció el primer *camello*. Subimos a empujones, dentro no había espacio ni para un alfiler, me avisó de que tuviera cuidado con la cartera, pero no hubo ningún problema, salvo el mayor para mí, que era el estar hacinados como ganado. Paramos después de treinta minutos y al bajar me enteré de que nos quedaban otros treinta andando. Iba a llegar sudado, cansado y preocupado por la vuelta, de noche y borracho no podría perder a Albert bajo ningún concepto.

Os podéis imaginar que nos dio tiempo a conocernos y hablar bastante de nuestras intenciones en este curso y en esta fiesta. Mientras caminábamos, se nos fueron uniendo otros que también acudían a la celebración; conocían a Albert, pero sobre todo querían interactuar por la curiosidad que les suponía mi presencia y el hecho de que hubiera decidido estudiar en Cuba cuando muchos de ellos soñaban con irse fuera.

Al llegar a la playa se me cambió el ánimo, desaparecieron el cansancio y las preocupaciones. Baile, música improvisada por los asistentes –ahí entendí por qué Albert había traído la trompeta–, mulatas para aburrir y con curvas espectaculares, y mulatos bailando con unos cuerpos esculturales. Ambos se movían como si tuvieran tres vértebras más que yo en la columna. Con estos rivales me resultaría más bien difícil ligar.

Bebimos y hablamos con muchísima gente, me contaron anécdotas de mis nuevos compañeros y de la ciudad, yo conté alguna sobre mí y sobre la educación allá en Galicia. Nos reímos mucho, me enseñaron a bailar, algo mejoré, no era difícil, porque yo era un pato mareado con dos pies izquierdos. Disfruté como si fueran amigos míos desde hacía años, o al menos esa fue mi sensación. Hasta nos bañamos. El agua estaba calentísima, desde luego para mí, ellos consideraban en su mayoría que estaba fría.

La fiesta terminó sobre las nueve de la noche con la llegada de un par de coches patrulla de la PNR, Policía Nacional Revolucionaria. Albert me avisó de que había un tipo que estaba con nosotros que tenía carro y nos llevaría al centro. Me pareció perfecto hasta que llegamos al Chevrolet del año 59 que tenía aparcado a unos cinco minutos andando. Éramos ocho personas y el conductor. Yo era el único que parecía preocupado por ese exceso de personal.

–Que no hay problema, vamos, cabemos bien –decía el conductor.

–Iremos menos apretados que en el *camello* –comentó una de las cuatro mujeres que estaban en el asiento trasero, enfadada y con prisa.

–Pero si hay un policía en cada esquina desde aquí hasta nuestro barrio –afirmé preocupado.

«Anda sube», «si da igual», «vamos», gritaron varios a la vez.

–¿Te quieres quedar? Mira qué chicas vienen con nosotros –respondió Albert muy serio y frunciendo el ceño.

Pasaron cinco minutos hasta que nos paró la policía. Un agente nos dio el alto y el conductor, en vez de detenerse, continuó haciéndose el despistado. Le recordé que habría más en el siguiente cruce, había visto miles desde mi llegada. Nos volvieron a parar cien metros más adelante, pero esta vez ya había dos coches cruzados y unos cuantos guardias.

No me gustó nada haber tenido la razón. Curiosa fue la manera de resolver la situación por parte de las patrullas: nos iríamos a la comisaría de Playas del Este, nosotros nueve en el coche y ellos escoltándonos. Ante mi negativa a compartir el vehículo con tantas personas, que al fin y al cabo era el motivo por el que nos habían parado, accedieron a dejarme ir en el asiento del copiloto, escoltados como autoridades.

En el cuartel de la policía nos pidieron la documentación a todos, yo les di una tarjeta de un videoclub en el que constaba mi nombre, no olvidéis que estábamos algo borrachos y nos lo estábamos tomando a broma. Pero la cosa se puso algo seria cuando uno de los jóvenes no tenía su carné de identidad, con lo que lo esposaron y se lo llevaron para dentro.

A los pocos minutos y después de notar un trato megafavorable por parte de la policía hacia mi persona en comparación con el resto, me dijeron que me podía ir. Yo recalqué que sin Albert no me iría a ningún lado, que si ellos se quedaban, yo también, y que por favor llamaran a mi embajada. Me flipé un poco, imaginaos que llaman al teléfono de emergencia consular, si es que alguien atiende ahí, viene el cónsul, ve mi carné del Blockbuster y me parte la cara.

Hablaron entre ellos durante varios minutos, y finalmente el tipo que más galones tenía en los hombros nos mandó a todos a la mierda, literalmente a la mierda. A todos menos al conductor y al que no tenía su cédula de identidad, que tuvieron que quedarse para tramitar la multa y la identificación correspondientes.

Caminamos en grupo durante dos horas para llegar a nuestro barrio, Centro-Habana. Fuimos dejando gente por el camino hasta quedarnos solo Albert y yo. Durante la caminata se nos pasó la borrachera.

Fue fascinante ver la oscuridad de las calles y los barrios, la de gente que había fuera de sus casas a esas horas y el miedo que me hicieron sentir según qué zonas a pesar de estar en grupo. Pero la seguridad era brutal y no pasó absolutamente nada. Incluso las chicas se iban solas cuando llegábamos cerca de sus casas. Una tranquilidad que sería la envidia de muchas ciudades españolas y, ni qué decir, de otros países del entorno de Cuba.

Por fin llegamos, saludé a mis tíos, me tomé un pan con queso y un batido de mango. Era madrugada y no se habían acostado porque estaban preocupados. Yo esperaba no tener con ellos los mismos problemas de horarios que había tenido con mis padres para poder salir y llegar al amanecer.

Me acosté y dormí como un tronco, sueños con Uxía, la fiesta y el traslado a comisaría.

Este episodio con la policía fue el primero de muchos, debería tener cuidado o acabaría el curso antes de tiempo debido a una deportación. La vida en La Habana no era fácil en esta época, cuando veían a alguno de mis compañeros paseando conmigo, enseguida se acercaba algún policía a pedir su identificación, yo no me podía callar, siempre me revolvía y exigía que me la pidieran a mí también. Mi tono no solía ser amigable ni educado. Si la que me acompañaba era una chica, enseguida molestaban pensando que podía ser una vulgar jinetera a la caza de algún turista, era una falta de respeto y un abuso que me molestaba bastante.

La mayoría de mis desencuentros con la policía se debieron a que mis compañeros me usaban para sus trapicheos de ron, puros y demás. Con los turistas yo no tenía ningún problema, podía entrar en hoteles, tiendas para extranjeros e instalaciones turísticas sin el más mínimo impedimento. Podía mover dinero en dólares y mercancía de un sitio a otro. La posibilidad de comprar libremente en los establecimientos de turistas, donde había bastantes más productos que en los destinados a cubanos, y la despenalización de la posesión de dólares fueron firmadas por Fidel Castro en aquella época. Por lo que aún seguía vigente la recurrente broma entre el pueblo de que en Cuba había dos monedas, una estaba penada y la otra daba pena.

Conseguí fama entre los alumnos y algún profesor, lo que

me permitió alcanzar una buena posición en el instituto y con las chicas.

Yesenia

Cerquita del centro escolar Juan Almeida había una cafetería, adonde me gustaba ir algunas veces al salir de clase antes de volver a casa. En ocasiones iba con amigos y los podía invitar a algo, ya que ellos no se lo podían permitir todos los días. La cuestión es que en el turno de tarde de lunes a viernes había una linda mulatita, tres años mayor que yo, con un cuerpo espectacular, alta y con unos atractivos labios carnosos. Y lo mejor, siempre tenía una sonrisa a pesar del trabajo.

Uno de los días que me presenté allí solo, me pedí una Cristal, la cerveza típica de Cuba. Y ni corto ni perezoso, la invité a tomar algo y sentarse conmigo, si es que podía en su tiempo de descanso. Media hora después se sentó conmigo. Se llamaba Yesenia, había nacido en La Habana, pero su familia era oriunda de Camagüey, en el centro del país. Se tomó un café y hablamos de todo un poco, mi familia, Galicia, su casa, sus estudios… Estaba estudiando ballet en la Escuela Superior de Arte. Sus ojos me miraban y a mí me daba igual lo que dijera, todo me resultaba encantador. Así durante tres días seguidos, pero el cuarto le propuse ir a dar un paseo al Malecón, era viernes y me podría enseñar esa fiesta en la Rampa de la que tanto me había hablado durante esos días. Cientos de jóvenes se reunían en esa zona del Malecón habanero para beber, tocar algún instrumento, bailar o hablar. Me dijo que sí, que salía sobre las ocho de la noche y podríamos ir.

¡Genial! No me lo podía creer. Pocas veces había estado tan nervioso. Al acabar las clases me fui rápido a casa. Quería ponerme a punto para ir a buscar a Yesenia y salir a cenar directamente desde su cafetería, que por cierto se llamaba Km Cero, igual significaba el punto de partida de una nueva etapa en mi vida. Así como en Madrid el kilómetro cero de nuestras carreteras nacionales está en la Puerta del Sol, en La Habana está en el Capitolio, señalizado por un diamante de importantes proporciones.

Albert me deseó mucha suerte, había empezado una relación con una novia nueva y me dijo que, si salía bien, ya quedaríamos los cuatro alguna vez.

Mis tíos me pidieron que tuviera cuidado y que les presentara a la chica, les dije que todavía no era nada serio, pero ya veríamos más adelante. Eran encantadores, estaba fascinado con ellos, trabajadores, honrados y, lo mejor y más difícil de conseguir, buenas personas.

Llegué puntual a mi cita, quizá por el ansia de verla y que todo saliera bien, porque la puntualidad no era precisamente mi fuerte, mucho menos en Cuba, donde no suponía nada raro no llegar a la hora. Solo tuve que esperar un cuarto de hora a que acabara su turno y nos fuimos. Estaba guapísima. Caminamos todo el Malecón hasta llegar a la Rampa, ya había gente sentada en su barandilla. Fuimos a una pizzería, teníamos algo de hambre y nos tomamos dos pizzas margarita. No había más opciones en el menú. Charlamos entre gestos cómplices, cruces de miradas y sonrisas, todo parecía indicar que esa noche podría triunfar. Fuimos a tomar un café y un mojito cerca de donde cenamos. Después compramos una *caneca* de ron, una botella pequeña de aproximadamente un tercio de litro, y fuimos a tomarla al final de la Rampa. Enfrente teníamos el Hotel Nacional, el cinco estrellas más famoso de todo el Caribe en los años 50 por ser el centro de reuniones de la mafia americana. Aún conserva con su decoración original la *suite* en la que tuvo lugar la mítica Conferencia de La Habana en 1946 –el histórico encuentro de la Cosa Nostra, el Sindicato del Crimen y las familias que componían la mafia en EE. UU.

Sentados en la balaustrada y después de dos tragos, con el Hotel Nacional a la espalda, las luces del *skyline* habanero detrás y el océano enfrente, en ese Malecón al que miles de emigrantes cubanos pagarían oro por volver y poder tomar un ron, y viceversa, donde miles de cubanos darían su vida por poder irse del país, allí, en ese lugar mágico donde parece que se para el tiempo y bajo un cielo estrellado como ninguno, nos besamos.

Sentir sus labios, sentir sus caricias fueron sensaciones que creo que me acompañarán el resto de mi vida.

Siempre salíamos a pasear por el Malecón después de su turno, el fin de semana íbamos a la playa, al parque Lenin, a alguna función en el Teatro América, a alguna película en el cine Yara, a ver el espectáculo del Ballet Nacional en el fascinante Gran Teatro de La Habana o incluso a ver pelota al Latino, béisbol en el Estadio Latinoamericano, para que me entendáis. Aunque no todas las semanas podíamos disfrutar, ya que en pleno Período Especial todo estaba bajo mínimos, ni siquiera pagando se lograba acceder y muchas actuaciones no llegaban a celebrarse.

Ella no había salido mucho más allá de la ciudad, por lo que en vista de que vendría mi familia o algún amigo, aprovecharíamos para visitar algunas otras maravillas de la isla con ellos.

Mis tíos enseguida quisieron conocerla y, para mi sorpresa, ella tampoco puso impedimentos, la mentalidad era mucho más abierta que en España. De modo que fuimos a cenar un día a la casa, mi tía había preparado un arroz congrí para chuparse los dedos, acompañado de puerco, como denominan ellos al cerdo, y de primer plato friturita de malanga. Esto de tomar un primer plato, un segundo y el plátano de postre fue idea mía por aportar algo de nuestras costumbres, allí es más típico que todo vaya en un solo plato, el frijol, el arroz, la carne, la ensalada y el plátano. Cocinar fue imposible para mí con aquellos ingredientes y aquella reliquia de cocina a gas.

Con la cerveza y el ron estuvimos hablando toda la cena hasta bien entrada la madrugada. Continuamos con música y baile en el salón, acompañados del piano, aunque solo fuera de adorno. Viendo el jaleo que teníamos montado, enseguida se unieron algunos vecinos a compartir un trago.

Yesenia fue del agrado de mis tíos, el estudiar ballet, el trabajar, lo bien arregladita que venía y que la familia fuera de un buen barrio ayudó bastante, no sabía que mis tíos eran tan elitistas. Su madre estaba aquí con ella, pero su padre vivía en Miami, por lo que ayudaba como podía desde allí. Al parecer, se había ido no hacía mucho y aún no le había dado tiempo a encontrar un buen trabajo.

Se nos hizo tarde, así que cuando le dije de acompañarla, mis tíos sugirieron que se quedara, que llamara a su mamá y que ellos hablarían con ella. No puso objeciones y de noche, cuando todos dormían, nos juntamos en mi habitación.

Qué pronto se me estaba olvidando el problema que había ocasionado mi huida a Cuba. Uxía no me quitaba el sueño, no pasaba por mi mente, y sexualmente hablando, no había provocado ningún problema de apetito o disfunción.

Al día siguiente la acompañé hasta su barrio, el Vedado. Vivía en una magnífica casa colonial, en una zona increíble rodeada de árboles, paseos y todo tipo de mansiones de estilo similar a la de ella. Cuando entré en la casa descubrí el truco, en la tremenda casa de algún gran terrateniente del siglo pasado vivían varias familias, y estaba dividida para ello. Mi chica y su madre, Ariadna, disponían de un pequeño apartamentito con su cocina, dos cuartos y un baño. Realmente era acogedora, pero viendo las expectativas que había desatado la visión desde fuera, me dio un poquito de pena. Ariadna era también alta, algo más oscura, estaba más rellenita, los años no perdonan, pero se mantenía estupenda, ya que también había sido bailarina en el Cabaret Tropicana. Su rostro no dejaba duda de que era su madre e imaginé que Yesenia sería así dentro de veinte años.

Comimos unos plátanos fritos con batido de frutabomba, que es como denominan a la papaya, ya que en Cuba se utiliza el nombre de esta fruta para referirse al pubis femenino.

Ariadna y yo también congeniamos bien, nos reíamos bastante con las historias de un novato en Cuba y las particularidades que tenía este país. Por ejemplo, cuando me mandó a buscar los absorbentes a la gaveta, que me sonó a chino y resultó ser castellano, pues eran unas pajitas o cañitas en el cajón. Creo que gaveta se usa en Canarias, además del término guagua para el autobús y alguna otra palabra que coincide con el vocabulario cubano.

También hubo momentos para la ternura con cierto aroma a nostalgia cuando recordaron a su padre, casi un año de soledad se les estaba haciendo muy duro y no sabrían si podrían juntarse de nuevo en los Estados Unidos. Aquí percibí que igual este amor tenía fin, fecha de caducidad, o quizá en vez de a Florida preferirían ir a España. Era muy joven y no entendía ni quería comprender estas jugadas tan enrevesadas de la vida.

A lo largo de varios días coincidimos en algunas comidas más mis tíos y Ariadna. Dormí varias veces en su casa y ella, en la nuestra. La verdad, esta forma de entender la vida hoy resulta bastante normal, pero no lo era en la época en la que me había tocado pasar la adolescencia hasta mi marcha.

También fuimos con Albert y alguna de sus novias a bailar a alguna matiné, un espacio que conjuga la actuación en directo de una orquesta de músicos cubanos con música bailable durante la mañana o la tarde, con una significativa ausencia de turistas. Aquello era una gozadera, especialmente cuando íbamos a La Tropical, un popular salón de baile habanero donde vimos las actuaciones de famosos grupos del país, como Los Van Van o la Charanga Habanera. También me acompañaron a ver alguna actuación de Yesenia, habíamos hecho un grupito fantástico.

Como ella tenía algún conocimiento ajedrecístico, incluso pudimos jugar alguna partida de ajedrez con Pacheco. Pero sobre todo con ella jugaba al dominó, que, como curiosidad, en Cuba se juega hasta el doble nueve, no como en España que solo hay hasta el doble seis. Me encantaba la forma de golpear las fichas contra la mesa, los aspavientos y las discusiones de los jugadores como si se le fuese la vida en cada partida. Son famosas las imágenes de Fidel Castro y Manuel Fraga jugando al dominó en un bar de Galicia.

Mi vida transcurría feliz y, para mayor inri, en el colegio me sentía muy bien acogido tanto por los compañeros como por los profesores. El cambio había sido muy positivo hasta ese momento.

Capítulo VII. Las visitas

La amistad lo es todo. La amistad vale más que el talento. Vale más que el Gobierno. La amistad vale casi tanto como la familia.

Mario Puzo (1920-1999)

Escritor y guionista de «El Padrino».

En el instituto la falta de recursos la suplían con ingenio. Pude observar auténticas genialidades en el sector de la electrónica o la mecánica, desde parabólicas con paraguas hasta coches antiquísimos funcionando con toda normalidad, con piezas de mil carros distintos y de toda una variedad de épocas, desde los años 30 hasta los años 90. Recuerdo un coche partido por la mitad al que le habían añadido una fila más de asientos en el centro, al estilo de una limusina. La llamaron la «ladalimusina», ya que inicialmente era un coche Lada soviético.

Los maestros acudían al trabajo en bicicleta, incluso desde siete kilómetros cada día. Pero eso era normal en esos años, hasta médicos o altos mandos del ejército se desplazaban así, y no por ecologismo, como aquí hoy en día, más bien por necesidad, puesto que un coche era algo inalcanzable para la mayoría. Los alumnos éramos casi todos del barrio y alrededores, así que íbamos andando. Aunque Albert para ir a las clases de trompeta en el Conservatorio se podía pasar caminando dos horas, algunos días, que no eran pocos, sin transporte. Ingenio y sacrificio.

Tenía que aguantar alguna bromita con la cafetería de enfrente y su camarera, risas que incluso se permitían los profesores. La totalidad de las asignaturas iban que ni rodadas, no para presumir, pero aprobando todo. Ni siquiera las que eran nuevas para mí me suponían mucho esfuerzo. Como Historia de Cuba, que era fascinante e incluía clases prácticas en el Museo de la Revolución y el Castillo del Morro.

Así pasaron los días con cierta tranquilidad para lo que podía haber sido, hasta que un día mi madre decidió pasar la Navidad en Cuba conmigo. En principio iba a ir yo a Galicia, pero la posibilidad de visitar el país les pareció interesante, por lo que vendrían desde mediados de diciembre hasta casi el día de Reyes. No tenía nada que ocultar y me pareció una oportunidad buenísima para visitar otros lugares, ya que yo estaría disfrutando de las vacaciones de invierno –el día de Navidad en aquella época no era festivo en Cuba, creo que empezó a serlo a partir de la visita del Papa en el año 98.

Y así fue como, entre aventuras y desventuras, nos plantamos en diciembre.

Mi familia

Aterrizaron en el Aeropuerto José Martí sobre las 20:00 horas. Fuimos con el padre de un amigo, el carro era grande, así que a la vuelta cabríamos el conductor, mi tío, mis padres y yo. Pensé que sería mejor que conocieran a Yesenia al día siguiente, aunque ya les había hablado de ella.

Mientras esperaba, comentaba con Heriberto la alegría que se llevarían cuando les diera las notas, todo aprobado. Tenía muchas ganas de abrazarlos, pero sobre todo de que vieran el progreso que me había supuesto esta aventura. Mis calificaciones y mi salud mental eran una maravilla, estaba encantado y había salido de aquel estado de desánimo al que me había llevado el episodio de Uxía. Ellos seguían pensando que se debía al mal trago de la adopción, cuando realmente había sido lo que había pasado la noche anterior. En cualquier caso, la solución a ambas circunstancias era la misma: vivir a casi ocho mil kilómetros de distancia.

Aparecieron por aquella puerta por la cual yo había salido varios meses atrás. Mi madre no se callaba, parecía un poco sorprendida por tanto control y algo enfadada por el trato propinado por parte de algún agente de aduanas a algún cubano. Mi padre al vernos le bajó los brazos –venía gesticulando bastante indignada, como si el mal trato hubiera sido hacia ella– y le dio un pequeño empujoncito para que se adelantara mientras él se quedaba con las maletas, no sé bien si por quitarle el ansia a mi mamá por abrazarme y besarme o más bien para quitársela él de encima, ya que tanta discrepancia con la autoridad nos podía meter en un problema nada más llegar.

Cuánta alegría desbordaba mi madre, llevábamos muchos meses sin vernos, los necesitaba de verdad. El beso de mi padre fue más comedido, pero muy valioso para mí. Con el tío las muestras de cariño no fueron menos, estaban encantados, hacía varias décadas que no se veían. Eran cojonudos y los querían mucho. Además, lo que estaban haciendo por mí no dejaba lugar a dudas de que nos tenían aprecio.

Se alegraron mucho al verme, pero también cuando vieron las notas, nuevamente abrazos y besos. Me preguntaron por esa chica que me había hecho perder la cabeza. Subimos al coche y pusimos rumbo a la casa, donde tendríamos que hacer malabares para caber todos. Habíamos llevado la cama de mis primas Yusi y Yindra a la habitación de mis tíos, habían insistido ellos. Su hospitalidad era mayúscula, no hubo manera de que fuera yo el que durmiera con mis padres. Estos ajustes de familia no suelen ser un problema en Cuba y ya estaban bastante acostumbrados. Como buena celestina, mi tía Caridad insistió en que si venía Yesenia tendría una excusa para dormir en mi cuarto, ya que no habría otro lugar. No me veía yo todavía en esa situación, sinceramente. No es que mis padres fueran de mentalidad cerrada, pero a esas alturas de la película todavía no lo veía claro.

Al deshacer las maletas, vi que traían más cosas para mí que para ellos. Yo me había encargado de hacer una lista de objetos que necesitaban mis tíos para la comodidad de la casa. Obviamente, al ver las carencias pensé en ellos. Por ejemplo, una cortina de baño para no mojar el suelo cada vez que nos duchábamos y varias cositas más que aquí tenemos resueltas y allí cuestan mucho más dinero o son imposibles de conseguir.

Cenamos algo ligerito, una ensalada con rábanos y unos chícharos, no tenían mucha hambre.

Mi madre no sabía cómo decírmelo, había estado pensando el momento y el lugar, según me confesó más tarde. Pero al final me lo dijo directamente esa primera noche y sin tapujos, no habían vuelto a saber nada de Uxía y quería saber cómo lo llevaba yo, si tenía alguna información más sobre ella y qué iba a hacer al respecto.

Le confirmé que, por ahora, me encontraba bastante bien y que, por mí, preferiría no mantener ningún contacto con ella. Evidentemente no sabía nada de esa mujer.

Mañana sería otro día y, como estábamos cansados, nos acostamos. Estaba contento. Dormí genial. No hubo pesadillas ni insomnio.

No sé qué pasa, pero cuando te acuestas tan cansado parece que dormirás hasta las mil y, al final, madrugas una barbaridad. Como me había pasado a mí el primer día hacía tres meses, mis padres se despertaron con los primeros rayos de sol, debía de ser el ansia por todo lo que queríamos hacer. Habíamos planeado varias visitas, pero teníamos muchos días por delante y nos lo podríamos tomar con calma.

Desayunamos todos juntos, mis padres, Heriberto y Caridad, Yusimit y Yindra y yo. Batido de mango, papaya, bananas, café con leche en polvo y empanadillas de guayaba. Un espectáculo por todo lo alto, energía al 100 %. Tenía ganas de enseñarles el centro y que descubrieran las maravillas de la ciudad, que por algo es Patrimonio de la Humanidad.

Yesenia llegó mientras desayunábamos, me dio mucho apuro, era algo incómodo para mí, era la primera chica que les presentaba a mis padres. Algo bastante más común para mis tíos o para ella misma, o incluso para nosotros hoy en día.

Con mi madre congenió muy bien, mi padre también parecía orgulloso, quizá por motivos diferentes. Enseguida se me pasaron los nervios y salimos, aunque reconozco que estuve bastante comedido con ella, no la abrazaba ni la besaba como cuando paseábamos solos. Creo que Yesenia no lo entendía, somos de otra manera. No quiero ni pensar si en vez de con uno de nosotros se topan con un japonés o un nórdico, que son aún más cerrados y secos.

Paseamos por el Callejón de Hamel, que está cerquita de la casa, por eso fuimos en primer lugar. Obra de un escultor local que empezó a pintar y llenar esta pequeña calle con simbología de la santería –la religión afrocubana que es tan popular en la isla–, a mis padres les encantó. «¡Un artista el tipo!». Además, pudimos ver un baile tradicional y departir con varios vecinos del barrio. El trato era increíble, ninguno de los dos dejaba de alucinar con la cantidad de gente que nos saludaba y se paraba a hablar con nosotros. Parecía que yo hubiera nacido en La Habana.

Decidimos tomarnos una cerveza Cristal, pero como también había Bucanero, algo más fuerte, y conocía los gustos de mi padre, fue la que finalmente pedimos, acompañada de unas *mariquitas* o plátano frito como tentempié.

Continuamos nuestra caminata hasta una zona maravillosa de la ciudad, donde están el Capitolio, el Barrio Chino, el Parque Central, el Parque de la Fraternidad y el Paseo del Prado, que desemboca en el Malecón.

Les enseñé el lugar en el que por primera vez en la historia ondeó la bandera de Galicia, el 25 de julio de 1904, en el Paseo del Prado de la ciudad de La Habana, en una esquina con la calle Dragones, primera sede del Centro Gallego. Aunque se hizo oficiosa en nuestra tierra cuando en 1908 cubrió el féretro del ilustre poeta Curros Enríquez en su retorno a su patria. Había muerto en la capital cubana ese mismo año.

Cuentan las historias y los rumores que pasaron de generación en generación, de los primeros gallegos emigrantes a sus hijos y nietos ya nacidos en Cuba, que cuando un barco zarpó del puerto de A Coruña, allá por el siglo XIX, escapando de la miseria, el hambre y la pobreza, a medida que se alejaban del puerto, muchos de esos emigrantes divisaron en el dique una bandera marítima blanca con una franja azul en diagonal. Fue su última visión de la patria que dejaban atrás y se les quedaría grabada en la retina. A su llegada a Cuba decidieron que esa fuera su bandera y, por tanto, la del Centro Gallego. Imagino que influyó el azul del mar y la tradición marítima de nuestra tierra. Y es probable que atravesar el océano para acabar viviendo en una isla también ayudase.

Seguimos nuestro paseo y, justo al lado del majestuoso Capitolio de La Habana, creo que un metro más alto que el de Washington, me imagino que cuestión de virilidad masculina, nos encontramos con el Teatro Nacional Federico García Lorca, hoy en día el Gran Teatro de La Habana Alicia Alonso, sede del Ballet Nacional y con su directora a la cabeza dando nombre al edificio. Gracias a Yesenia pudimos entrar y nos quedamos alucinados por la belleza de su interior. Decidimos que iríamos a ver la próxima actuación, que sería con motivo de la fiesta de Año

Nuevo y del triunfo de la Revolución –ambas celebraciones coinciden el 1 de enero.

Y así fue, el 28 de diciembre asistimos a la actuación del Ballet Nacional de Cuba mis tíos, mis padres, Ariadna y otros familiares de Yesenia. Aunque los extranjeros pagaban bastante más por la entrada, conseguimos hacernos pasar por cubanos y el precio fue insignificante, creo recordar que unos cinco euros al cambio por todas las entradas, cuando para un turista ya costaban más de cincuenta dólares cada una. Para que en la puerta no sospecharan mientras mi tío enseñaba las entradas, nosotros aceleramos el paso y nos perdimos del resto de la familia. Como no estaban numeradas ni teníamos los boletos, nos sentamos en el primer hueco que vimos en la platea, bien céntricos. Casualidad de la vida, debajo de Alicia Alonso y resto de autoridades. Fue una actuación fascinante en un palacio formidable de hace casi doscientos años, con más de dos mil plazas y noventa palcos. Justo debajo del más importante estábamos nosotros, callados por si nos descubrían. A la familia de Yesenia y a mis tíos les tocó el gallinero, como se denomina a la parte más alta del teatro.

Pues en esa magistral construcción, en ese bello escenario, el 20 de diciembre de 1907 se interpretó por primera vez en la historia el actual himno gallego, el himno que hemos tenido desde entonces y que es oficial desde la aprobación del Estatuto de Autonomía de nuestra comunidad. Curioso país el nuestro, cuya bandera ondeó y cuyo himno se interpretó por primera vez a más de siete mil kilómetros de distancia. Cosas del exilio.

La verdad es que en esos parajes uno siente una conexión *galego*-cubana interesante. Nos invadió la morriña a los tres, pues estar en esos lugares históricos te hace sentir nostálgico. Difícil de explicar a nuestra familia cubana y a Yesenia. Imagino que algo parecido sentirán los miles de cubanos esparcidos por el mundo, sin tener ni siquiera esa connotación histórica. Curioso que nos acogieran de esa manera durante varios siglos y ahora nuestros descendientes, ya cubanos de pura cepa, tengan que emigrar a la tierra de sus antepasados y a otros muchos lugares. ¡Ojalá tengan la misma acogida que nos dieron a nosotros!

Como os podéis imaginar, estos días pasaron muy felices, incluso decidimos irnos todos de excursión. Como mis tíos tenían que trabajar, nos fuimos Yesenia, mis primitas y nosotros tres. Pasaríamos tres días fuera. Alquilamos un coche en el Hotel Inglaterra para la ocasión. Obviamente, mi padre quería volver a donde había nacido, aunque se hubiera ido de allí con cuatro años.

El itinerario estaba pensando para satisfacer un poco a mi padre y otro poco a mi madre, por lo que hicimos una mezcla de historia, naturaleza y playa.

Visitamos un criadero de cocodrilos, donde Yusi y Yindra se espantaron ante aquellos reptiles de varios metros de largo y dientes afilados; tampoco soportaron que le pusieran al cuello una cría. Yesenia fue más valiente, y tenemos una bonita foto con el cocodrilo sonriente encima de ella. Este lugar se encuentra en un paraje natural fascinante, la Ciénaga de Zapata, situado poco antes de Playa Girón, en la Bahía de Cochinos. Aquí fue donde, en 1961, mercenarios yanquis intentaron invadir la isla, topándose de frente con el ejército cubano capitaneado a pie de playa por Fidel Castro y el Ché. El desembarco fracasó, aunque causó bastantes bajas entre la población civil. En homenaje a estas víctimas se erigió un museo y un monumento que visitamos y que fue muy emotivo para todos.

Nos fuimos a comer unas *pizzetas* allí cerca y después nos dimos un chapuzón en la playa. El agua estaba fantástica de temperatura y color, mar Caribe total. Nos bañamos todos. Las niñas disfrutaron como nunca, un paseo tan simple y ellas, con este cúmulo de sensaciones, desprendían felicidad por todos lados.

Cogimos el coche y continuamos hasta la colonial y maravillosa ciudad de Cienfuegos. Llegamos de noche, mi padre no recordaba nada, dormiríamos en casa de unos amigos de mis tíos que, al día siguiente, nos llevarían a la casa en la que había nacido. No estaba muy lejos y fuimos dando un paseo, mi padre iba fumando un habano por el Malecón, rumbo al centro de la histórica villa. La imagen era de postal: mi padre camino de su casa natal, adonde no había vuelto nunca; Yesenia y yo de la mano, enamorados; mi madre sonriendo como si su vida fuera plena; y las pequeñas primitas gozando como si nunca hubieran podido disfrutar de momentos así. Daban ganas de no volver nunca a la realidad.

La casa era humilde, mi padre no la recordaba, apenas alguna imagen en su cabeza que no podía identificar aun estando ahora allí. Lo maravilloso fue cuando llamamos a la puerta y les explicamos el motivo de la visita a los nuevos propietarios. No dudaron en dejarnos pasar y, ahora sí, a mi padre le brotaron las lágrimas, parece que algo le vino a la mente o su corazón así se lo hizo saber.

Nos ofrecieron café y nos contaron anécdotas de la casa y de la ciudad, escucharon con atención todo lo que teníamos que contar sobre nuestra familia en Cuba, la cual hacía ya muchos años que se había ido a la capital, La Habana.
La hospitalidad de la gente hacía que tuviéramos la percepción de que querían algo más, ¿tanta amabilidad a cambio de nada? Estábamos acostumbrados a la picaresca y el egoísmo del primer mundo.
Aquí los dos estaban encantados, una ciudad tranquila y bella que invita a perderse entre sus edificaciones y sus plazas; comimos, paseamos y vimos varios museos con antigüedades de hacía varios siglos. Su Malecón es una manera de otear el mar y pensar que nada malo puede pasar. De hecho, en ese instante, decidí que si por cualquier motivo alguna vez en mi vida tenía que fugarme de España, de la justicia o de lo que fuere, mi destino sería Cienfuegos. ¿Sería aquello una premonición o un rápido pensamiento sin demasiado sentido?
Pasamos dos días en aquel encantador lugar, acercándonos a la playa de Rancho Luna y a las cataratas del Nicho, que conforman un inhóspito bosque o, más bien, una selva tropical. Si te pierdes ahí, no te encontrarán nunca jamás, o más nunca, como diría un cubano.

¡Cuánta tranquilidad solo rota por el canto de alguna ave carroñera!
Volvimos por la ciudad de Santa Clara directos hacia casa, paramos a ver museos y monumentos en homenaje al Ché Guevara, puesto que fue allí desde donde él fraguó la mayoría de sus batallas durante la Revolución contra la dictadura.
Años después, los restos del Ché volarían desde Bolivia para recibir sepultura en un magnífico mausoleo construido para la ocasión. Tres décadas más tarde tendría la oportunidad de volver a visitarlo con unos amigos, y me emocionaría igual recorriendo los mismos lugares que había visitado con Yesenia y mis padres.
Llegamos a casa a la hora de la cena, la prima Yusi no paraba de contarle todo a sus abuelos, lo que había comido, la playa, los cocodrilos, la música del coche… la excursión había sido inolvidable para ella. Acompañé a Yesenia hasta el portal de su casa.
La vuelta la hice en solitario, fumando un habano, sin mis padres ni las primas, por qué no decirlo, también sin Yesenia. Uno necesita sus momentos de soledad, pensar en lo bien que le va la vida, sin lujos ni excesos, pero poco más se le podía pedir. Oliendo, escuchando, sintiendo Cayo

Hueso, barrio habanero por excelencia, una etapa en la historia de mi vida.

Y entre las excursiones, las visitas por la ciudad, la playa y varias partidas de ajedrez con Pacheco, pasaron los días. Mi padre gozaba especialmente con la compañía de este ajedrecista aficionado, sus puros y su cervecita justo enfrente de la casa. Le encantó el dominó cubano con su particularidad de tener más fichas que nosotros, hasta el doble nueve. Aunque no le gustó tanto que se encendieran de esa manera en cada partida, parecían realmente enfadados.

Mi madre no disfrutaba tanto de esto, por lo que se dedicó a aprender todo tipo de platos de los extensos manjares que tiene la cocina cubana, tanto con Caridad como con Ariadna. Desgraciadamente, mi mamá no pudo preparar ningún plato típico gallego debido a la escasez de los alimentos necesarios, ni una mísera tortilla de patatas. Los días de relax, aún sin salir del barrio, fueron también bastante completos.

Y así nos acercamos a Navidad y Fin de Año, pasamos la Nochebuena en casa con mis tíos, con ron y música por encima de una buena comilona. Habíamos pensado en algo íntimo y familiar, Caridad nos había preparado plátano macho y ropa vieja, un excelente plato típico cubano, mi padre estaba realmente sorprendido con la gastronomía local. Pero enseguida se unieron algunos vecinos y acabamos celebrando hasta bien entrada la madrugada. Ver esa unión entre amigos, vecinos y familia era algo totalmente nuevo para mí; aquellas mesas con platos cada uno de un color, alguno incluso descascarillado, aquella cubertería ni de plata ni de lujo, sin regalos caros, simples detalles, manteles con algún agujero o directamente sin mantel. Los comensales no vestían de etiqueta, pero llevaban sus mejores galas, la intención es lo que cuenta. Cuánta felicidad y armonía, cuanto podemos gozar y disfrutar con solo estar con los nuestros. Lo que nos llevamos los tres en nuestra vuelta a Galicia, y que conservamos aún hoy, fue un recuerdo y una experiencia de cómo entender la vida. No son necesarias ni por asomo la mayoría de las banalidades por las que nos dejamos la piel y el tiempo, y por las que incluso sacrificamos parte de la familia y las amistades.

Por aquella época la festividad más grande era el treinta y uno de diciembre. Para Fin de Año decidimos alquilar una casita en las afueras de la ciudad, en Playas del Este, por la zona de Guanabo. La idea era pasar en la playa dos días y hacer una buena cena en el jardín con un puerco asado como plato principal.

Desde antes de salir de Galicia, mis padres se habían ilusionado con pasar estas fiestas en la playa a más de 25 ºC, algo impensable en nuestras latitudes, donde probablemente estaría lloviendo y haría un frío atroz.

La odisea de conseguir todos los productos para esta barbacoa nos llevó varios días y vueltas por toda la ciudad. Evidentemente tirando de mil contactos y conocidos de mis tíos y de la familia de Yesenia.

En la casa había cinco habitaciones y un salón, donde habilitamos colchones y mantas en el suelo, una cocina, un jardín para asar nuestro cerdo y la playa a veinte pasos. Íbamos mis padres y yo, mis tíos, mis primas, Yesenia y su mamá; también se habían unido Albert y su novia, además de un matrimonio vecino con sus hijas, amigas de las primas. Yesenia, su mamá y yo habíamos congeniado bastante bien y la cosa fluía como ni me lo hubiera imaginado.

Pues sí, menuda fiesta, llevamos comida, ron, cerveza, música para poner en un radiocasete e instrumentos, bañadores, luces y adornos, todo lo que pudimos conseguir. Nos costó varios viajes transportar todo, y allí llegamos el treinta de diciembre por la tarde con la intención de ir a la playa y preparar todo el mismo día treinta y uno desde la mañana temprano. Los papás de Yusimit y Yindra no podrían venir estas navidades, se quedarían en Miami y no coincidiríamos.

No existía Internet, ni nada que nos pudiera mostrar las campanadas a la hora española, por lo que nos resignamos a vivirlas únicamente en la hora local, cinco horas después de mis amigos en Galicia. Tampoco conseguimos uvas, por lo que sería una cuenta atrás con la televisión cubana. Esperábamos que no hubiera un apagón, cosa habitual en esos días. Desde luego, la fiesta no la pararía la ausencia de electricidad, teníamos instrumentos, brasas para cocinar y antorchas.

Ese fue uno de los Fines de Año más distintos de nuestra vida, quizá el más maravilloso. Porque fue en bañador, con apagón, antorchas, playa, puerco asado, arroz congrí, malanga, la cual me pierde, baile, baños en el mar a 27 ºC, besos, abrazos, cerveza, ron y más ron y más ron. Por supuesto, también disponíamos de instrumentos: trompetas, guitarras, congas y tumbadoras. Por mucho menos dinero de lo que hubiéramos gastado en cualquier otro sitio con mucha menos gente y probablemente mucho más felices y contentos.

10, 9, 8, 7, 6, 5, 4, 3, 2, 1… ¡Sonaron dos trompetas y dos tumbadoras! Gritamos como si no hubiera un mañana, nos abrazamos entre todos y besé a la cubana más linda del país. La fiesta continuó hasta al amanecer.

El avión despegaría a la hora prevista.

Mi tío y yo acompañamos a mis padres al aeropuerto. Su despedida había sido en la casa de Centro-Habana con todo el vecindario, nuestra familia y la de Yesenia. Muy emotivo. Las lágrimas que no me salieron durante esos últimos minutos antes de pasar el control de pasaportes afloraban ahora en el coche de regreso a casa. En principio no vería a mis padres hasta el verano y ya con el curso acabado. Así como mi madre y mi padre sí que se despidieron entre lágrimas, yo aguanté para darles la seguridad de que me encontraba bien. Ellos lo habían visto, estaba de maravilla y las personas que me acompañaban diariamente eran encantadores.

Quizá pensaba que ellos igual no volverían a Cuba o que no coincidirían más con Yesenia, pero la realidad es que por mis mejillas descendían dos gotas.

Era viernes y el lunes volvíamos al instituto, ya llevábamos varios días de enero y aquí no se celebraban los Reyes Magos, una tradición casi exclusiva de España.

Mis amigos

El segundo trimestre transcurrió sin apenas cambios, los exámenes iban marchando bien y sin problemas, al margen de los típicos de instituto, nada reseñables. Como tenía acceso a los turistas sin que la policía me molestara, les podía ofrecer puros que conseguía en el mercado negro o mis servicios como guía turístico, por ejemplo, llevándolos a algunos paladares, restaurantes familiares cubanos, a cambio de una comisión o de cenar gratis con Yesenia algún día. También los acercaba a discotecas donde podría decirse que, con estas gestiones, me sacaba un sobresueldo; aunque no lo necesitaba en realidad, con lo que me enviaban mis padres era más que suficiente para mi estilo de vida. Gracias a todo esto tenía mis contactos en mi Habana.

Cuando llegaron las vacaciones de primavera, Semana Santa en España, ya tenía todo preparado para que mis colegas, que venían a pasar siete días de desenfreno, no se quisieran volver nunca más a Galicia.

Como en la película de Resacón en Las Vegas, aparecieron Moha, Ken y Antón. Qué frescos llegaban para haber hecho un viaje tan largo. Quizá nos esperaba algo inolvidable, y no dormir en las siguientes siete noches era una de las posibilidades. Les habían ido bien los exámenes y, ante la oportunidad económica de no tener que pagar alojamiento y apenas comida, sus padres les habían permitido venir. El resto de los colegas no tuvo ocasión, bien por sus malas notas o por la mala economía familiar.

Era viernes, por lo que dejaríamos las maletas en casa, todos dormirían en el suelo de mi habitación, saludaríamos a mis tíos y a quemar la noche habanera.

Había quedado con Yesenia al día siguiente después de comer, para conocer la ciudad todos juntos. Pero hoy era viernes y saldría con ellos y algún colega del instituto. Nos reuniríamos con Albert y dos compañeros en el Malecón, al final de la Rampa. Ya íbamos tarde, entre una cosa y otra, el llegar de un vuelo, los controles, las maletas, ir hasta la casa, saludar… Todo contribuía a retrasarnos. Ducha rápida y ya cenaríamos por ahí. Presentación a mis tíos y disculpas por marcharnos precipitadamente.

–No volveremos hasta el amanecer, ¡quédense

tranquilos! –les comenté a mis tíos ya saliendo por la puerta.

Llegamos sobre las once de la noche al lugar donde habíamos quedado con mis compañeros. Nos había dado tiempo a parar en una tienda para comprar unas botellitas de ron y algo de comer para el camino, esa sería nuestra cena. Me encargué de darles una breve explicación acerca de la situación real del país debido al Período Especial, la escasez, los apagones y algo que tendrían que entender, aunque vinieran unos amigos cubanos, a la hora de pagar tocaría repartir entre nosotros. La entrada a la discoteca de turistas podría suponer el salario de un mes de la mayoría de la gente.

Había bastante ambiente, se les iba la mirada a los tres detrás de tanta novedad y de tantas chicas. Los presenté y empezamos a beber algo de ron, contamos anécdotas de allí y ellos, alguna novedad de Galicia, como que Demo estaba encerrado en casa porque su padre lo había pillado con alguna sustancia prohibida. Moha había estado a punto de quedarse en tierra, traía marihuana y alguna pastilla, pero tras un susto con la policía en el aeropuerto de Madrid durante un cacheo supuestamente aleatorio y rutinario en el que casi se incautan de todo, decidió no arriesgarse a llevarlo, ya que si lo hubieran cogido a su llegada a La Habana le habría supuesto muchos años de cárcel, y no me quiero imaginar una prisión en Cuba. Entre el aeropuerto y el vuelo se fumaron toda la marihuana, y vinieron en un globo dentro del avión, donde estaba permitido fumar. Moha había escondido las pastillas en algún recoveco del aeropuerto de Barajas de Madrid para cogerlas a la vuelta. Sería demasiada suerte que aún estuvieran allí a su regreso.

Enseguida se nos unieron algunos grupos de amigos y, como éramos turistas, otros tantos más que no conocíamos de nada. Por normal que os parezca, a mí me costaba que continuamente me trataran como a un recién llegado *yuma,* turista en el argot cubano. Ken y Antón entablaron conversación con dos vecinas de Albert, la cosa prometía. Estuvimos bebiendo y bailando e incluso probamos una marihuana casera cubana. Después de estar bien entonados, fuimos en dos Chevrolets que nos llevaron a la Gruta, una discoteca en la que, por diez dólares, podíamos entrar y disponer de barra libre. La música no era de nuestro gusto, pero sí el ambiente. Brindis y bailes, Ken, Antón y las chicas disfrutaron de una noche de pasión en el baño de la discoteca y quedaron en verse otro día.

Volvimos cantando por la calle e intentando bailar, se nos acercaron varios policías a lo largo de todo el recorrido, pero lo inefable y fastidioso era que, a pesar de ser nosotros los que molestábamos, a quien pedían la documentación era a Albert y a los cubanos que nos acompañaban. Más de un agente se la pidió a Moha –aquí descubrimos que, además de marroquí, también parecía cubano para ciertas personas, desde luego era más que normal la confusión, ¿sería también adoptado? Al ver el pasaporte español, hacían como que chequeaban algo con un poco de disimulo, pero enseguida se lo devolvían.

En esa época los cubanos no podían entrar en los hoteles de los turistas ni en ciertas tiendas, incluso los policías pensarían que nos estaban intentando vender algún producto de contrabando o que alguna de las chicas era una jinetera. Este comportamiento se debía al exceso de celo por la seguridad del turista, aunque al mostrar mi tarjeta de residencia en Cuba los dejaban tranquilos. Este acoso nos indignaba bastante y nos costó nuestros enfrentamientos con la policía, hasta el punto de casi estamparle el pasaporte en la cara, ya eran demasiadas veces e íbamos de alcohol hasta arriba. Habíamos empezado bien la semana de desenfreno.

Dormimos juntos en la misma habitación hasta casi la hora de comer, mi tía había preparado batidos, frutas y unos huevos fritos. Por el precio que iban a pagar por el alojamiento, no se podían quejar. Cuando nos levantamos nosotros no lo notamos, pero creo que mi tía sí por la cara que puso al entrar en la habitación, esa *peste a pata*, expresión cubana, echaba para atrás. Hoy me resultaría imposible dormir en una habitación con ese olor y esos ronquidos.

Justo cuando salíamos por la puerta para esperar a Yesenia fuera, apareció ella, venía con un *short* vaquero y un top blanco, que evidenciaban aún más, como diría Pau Donés en «La flaca», que era una *tremendísima mulata*. Saludó a mis tíos y les fuimos a enseñar la ciudad a nuestros invitados, visitamos varios sitios a los que ya habíamos ido con mis padres. Uno que me gustaba especialmente para pasear y que además tenía su toque cultural era la Universidad de La Habana, en otros tiempos, cuna del proceso revolucionario, el *alma mater*.

Fidel Castro había estudiado Derecho en esta facultad que íbamos a visitar. Antón tenía un gran aprecio por el comunismo y la historia, por lo que visitaríamos sitios emblemáticos del proceso revolucionario. Además de a la universidad, fuimos a la Plaza de la Revolución, que luce un retrato gigante del Ché en la fachada del Ministerio del Interior, Minint en Cuba, del tamaño de todo el edificio. También visitamos el Museo de la Revolución, donde se exhibe la historia completa de Cuba y la lucha por la llegada al poder de Fidel. Este museo es el antiguo Palacio Presidencial del dictador Batista, derrocado por los revolucionarios. Subimos al Granma, el yate del desembarco que dio comienzo a la guerra, además de dar nombre al principal periódico del país. Justo al lado de este museo se encuentra la embajada de España, edificio clásico y bello donde los haya, pegadita al Malecón habanero. Gracias a mis contactos con un funcionario local pudimos entrar, en su bóveda nos deleitamos con su particular biblioteca y divisamos desde la azotea unas vistas increíbles de la ciudad. Era una sensación extraña ver ondear la bandera europea y la española tan lejos de casa; pese a estar en territorio español, no te sientes en tu país. Obviamente todo esto lo vimos en varios días de paseos, cervezas, risas y habanos.

Volviendo a la primera tarde en la que íbamos a la universidad, aunque era sábado y estaba prohibida la entrada, pudimos entrar tras darle una propina al guardia de seguridad. Los fines de semana solamente entraban trabajadores de la ciudad que querían prosperar y sacarse sus carreras poco a poco. Les permitían recibir clases los sábados y los domingos, que eran sus días de descanso laboral.

Entramos sobre las tres y estuvimos viendo varias facultades, la famosa escalinata principal de la entrada con su majestuosa estatua y un tanque capturado por las tropas rebeldes. Tomamos un refresco en la cafetería, lo único que había. Se nos hizo tarde entre el paseo, las visitas y hablar con los estudiantes, entre otras cosas, para concretar una fiesta universitaria en un parque cerca del campus para esa noche. Nos enseñaron estancias como el Aula Magna de la Facultad de Derecho, donde dieron sus primeros discursos los líderes estudiantiles de la época, como el por aquel entonces presidente, el mismísimo Comandante. En una increíble coincidencia, después de tres horas de caminata, cuando ya nos retirábamos hacia otro lugar pensando en tener tiempo para prepararnos para la fiesta, vimos que había demasiado revuelo y muchos más estudiantes que antes.

–¿Qué es lo que pasa? ¿Por qué hay tanto jaleo? –pregunté sorprendido a un estudiante.

–Que viene el Comandante ahorita –me respondió con una sonrisa nerviosa.

Después de asegurarme con varios de los presentes de que era cierto y que ahorita era en no mucho rato, nos quedamos. No pasaron ni quince minutos cuando llegaron dos grandes coches negros con cristales tintados. La gente corrió como loca a acercarse, había poca seguridad, no podría creerlo cuando se abrió la puerta y salió el presidente de Cuba con su uniforme verde olivo. Fidel Castro en persona. El griterío era brutal, parecía una estrella de rock y los universitarios se comportaban como locas adolescentes que se echaban a sus pies.

Empezó a contar a la multitud el motivo de su visita, entre ellos a nosotros, Antón estaba que no cabía dentro de sí. Su padre nunca se lo creería, era un fanático izquierdista. En principio tenía interés en que el presidente de Guatemala, que se encontraba de visita en la isla, conociera la universidad y se diera un paseo entre los alumnos. Justo allí habían concretado una cita los dos mandatarios. Mientras esperábamos, más o menos serían otros quince minutos, estuvo hablando de física y del origen del universo con algunos alumnos y algún que otro profesor presente en el atrio de la Facultad de Química. Aunque el debate era abierto, pocos se atrevían a intervenir en la conversación y menos a interrumpir. Nos recordó que él había leído varios libros de Stephen Hawking sobre sus teorías del origen del universo y de los agujeros negros. Desde luego parecía bastante puesto en la materia. En ese momento llegaron varios coches más, negros, grandes, con cristales tintados y banderitas de Cuba y Guatemala en la parte delantera.

La seguridad era mínima, me llamó muchísimo la atención, pudimos acercarnos sin problema, nadie nos cacheó. Un presidente tan cerca de la gente, siendo un personaje tan odiado por unos y tan querido por otros alrededor de todo el mundo, con tantos atentados en su contra a sus espaldas –un estudiante de Periodismo nos contó que había sufrido hasta seiscientos intentos de asesinato.

Del coche oficial salió el presidente de Guatemala, se saludaron en un efusivo y sincero abrazo, uno conservador y en su juventud de ultraderecha, el otro, comunista y en guerra permanente con EE. UU. Pero, bajo el mandato de ambos, se recuperaron las relaciones diplomáticas entre ambos países, consiguieron tratados de paz con la guerrilla después de diez años de guerra en Guatemala, y los guatemaltecos recibieron mucha ayuda, como el envío de médicos y profesores, tras el paso de un huracán devastador que aniquiló su país.

Dieron un paseo por las distintas plazas arboladas, con los tanques históricos de las guerras que había librado Cuba en su pasado, y los atrios de las facultades; hablaron con varios alumnos y profesores, algún estudiante guatemalteco había en alguna parte del paseo, lo que hacía que Fidel se mostrara orgulloso de la situación.

Venía de frente hacía nosotros y Antón, ni corto ni perezoso, se interpuso en su camino.

–¡Fidel, Fidel, venimos de España! –exclamó con voz temblorosa.

–¡Hombre, me alegro! ¿Estudian aquí? –dijo Fidel, apoyando una mano en el hombro de Antón.

–No, estamos de vacaciones –respondió Antón, hecho un flan.

–Pues otro año tienen que ir a Guatemala, que tiene unos templos mayas fascinantes y unas playas casi tan bonitas como las de Cuba –sentenció Fidel señalando al presidente guatemalteco con el dedo.

–Lo tengo que contratar como guía turístico –dijo el presidente de Guatemala riéndose y dirigiéndose a Antón.

Y con esta frase finalizó nuestra conversación, continuaron su paseo y atendieron a otros alumnos. Antes de seguir, Fidel con su dedo le secó una lágrima en los ojos a Yesenia. La emoción del momento y ver a mi chica, que no era partidaria del régimen y tenía a su padre en Miami, sollozar ante la presencia de aquel hombre fue impactante para mí. Muchos otros estudiantes lloraban a su paso. Sin duda, uno de los personajes históricos más importantes del siglo XX.

Antón vino exhausto, como si le costara respirar, algo arrepentido de haberle dicho que venía de España y no de Galicia –el padre de Fidel era gallego y España había retirado a su embajador y roto relaciones diplomáticas pocos años antes. Quizá nos hubiera contado más sobre su viaje a Galicia en 1992 o alguna anécdota de su padre por las remotas aldeas de Lugo.

Antes de irnos, iban a entrar en el Paraninfo de la universidad, al cual, como estaba lleno, ya no dejaban entrar a más gente, por lo que algunos estudiantes se quejaron a Fidel.

–¿No les dejan entrar? Vengan conmigo, que seguro que entran –Pronunció Fidel dirigiéndose a la puerta.

Nosotros preferimos no entrar, podría ser un discurso de varias horas, al fin y al cabo, era famoso por eso. Además, teníamos la fiesta e igual nos retiraban las cámaras. A diferencia del paseo improvisado en el que él se había acercado de forma nada protocolaria a la gente, en la entrada había algo más de seguridad.

Al llegar a la casa y contarlo, mis tíos, los vecinos, la familia de Yesenia y nosotros mismos estábamos alucinados. Había sido una experiencia inolvidable.

El día lo culminamos con la fiesta en el parque con los universitarios. Bebimos mucho ron, demasiado quizá, y continuamos en unos garitos que conocían los estudiantes. Mucha música cubana y ningún turista. Lo pasamos realmente bien, Yesenia mostró su excelente destreza a la hora de bailar, aunque no era más que una estudiante de ballet, no lo hacía nada mal bailando música cubana, salsa o disco.

Para aprovechar un poco sus vacaciones, además de *habanear*, Pacheco, tras mucho papeleo y burocracia, me dejó su coche para ir a una excursión de un par de días con mis amigos. Nos fuimos los cuatro y Yesenia, que tenía *licencia para manejar* y aprovechó la ocasión para cogerse unos días de vacaciones.

Fuimos directos a Trinidad y Cienfuegos, dos ciudades museo. Tuve que aguantar las bromas de mis amigos por mi apodo, recordad que en Galicia había heredado este nombre de mi padre.

Ciudades Patrimonio de la Humanidad, especialmente Trinidad, que parece que sigue anclada en el siglo XVII. Una maravilla colonial por la que no pasa el tiempo. Dimos un paseo a caballo en el que Moha, amante de la velocidad y las motos, no se pudo resistir y se lanzó al galope con su yegua. Una auténtica temeridad desde mi punto de vista, ya que a mí me estaba costando una locura mantenerme encima del caballo, a un ritmo realmente lento. Yesenia lo hacía infinitamente mejor que yo, todo el mundo lo hacía mejor que yo. Mi manera de cabalgar era el centro de las miradas del grupo de turistas, todos estaban pendientes para ver cuándo me caía.

Por la noche disfrutamos de un concierto en la Casa de la Música, un local con actuaciones en directo en un paraje extremadamente lindo entre otras cosas por la antigüedad de las edificaciones. Moha ligó con una turista canadiense que había coincidido con nosotros en la visita a caballo, no sabemos si se debió a su aspecto de cubano o bien a sus dotes al lomo del equino. Pero, al menos, le sacó aún más provecho a la excursión.

Al día siguiente partimos hacia Varadero, una magnífica playa de más de catorce kilómetros que en aquellos años no estaba tan explotada, aunque por supuesto había muchísimos hoteles, actividades, discotecas y restaurantes.
Antes de llegar paramos en Santa Clara, como habíamos hecho con mi familia, para que Antón pudiera visitar el lugar donde se encuentran los restos del Ché Guevara en la actualidad. Hicimos una visita al museo y al tren blindado que en 1958 había encumbrado al Ché y a Camilo Cienfuegos en la mítica e importante batalla de Santa Clara. El asalto al tren blindado fue una hazaña que probablemente propició el triunfo de la Revolución en Cuba.
No dormimos en la legendaria y guerrera ciudad, sino que proseguimos hacia la diversión de Varadero.
Salimos toda la noche, fiesta de barra libre en La Bamba, música disco y, al contrario que en La Habana, muy pocos cubanos y mucho extranjero, cosa que no nos agradó tanto, pero disfrutamos igualmente. No nos pudimos alojar en ningún hotel porque Yesenia no podía entrar por no estar casada conmigo. Fuimos a casa de unos conocidos de su madre que nos alquilaron una habitación. Hoy ya no existe, pero en aquella época, la prohibición de no poder acceder a los hoteles fue una de las cosas más absurdas de la historia

del Período Especial, quizá dentro del marco de la lucha contra la prostitución y el turismo sexual, tan comunes en tantísimos países del tercer mundo.

Al día siguiente, con una resaca infernal, fuimos a bucear con una pequeña embarcación a una barrera de coral. Yesenia no pudo venir, ya que los cubanos tenían prohibido subir a este tipo de barcos y alejarse de la costa, así que nos esperó en la playa. Medidas ridículas y una manera de tener al pueblo en contra. Antes, en una época de intransigencia ya superada, existía la prohibición de mascar chicle, llevar *jeans* o escuchar rock bajo la amenaza de «diversionismo ideológico». Aquí vuelvo a recordar las paradójicas lágrimas y la emoción de mi chica al tener contacto con Fidel, y lo tremendamente en contra que estaba de estas decisiones del Gobierno. Siempre me gustó decir, en mis conversaciones sobre Cuba, que el pueblo cubano de aquellos años y posiblemente hasta 2010 era especialmente fidelista, pero para nada castrista. Extraña contradicción en mi humilde opinión, debida quizá a la adoración a la persona y el rechazo al régimen.

Los corales eran fascinantes, con incontables pececillos de mil colores distintos y alguna tortuga boba. Aunque no vimos ninguna, nos precavieron de la mala leche de las barracudas, cuyo tamaño puede pasar fácilmente del metro y medio de largo y cuya boca está llena de dientes afilados como cuchillas.

La botella tenía oxígeno para unos quince minutos, estábamos a unos ocho metros de profundidad. Recuerdo estar ensimismado entre tanta belleza cuando uno de los monitores se acercó a mí, me había alejado bastante, me dio un golpe en el hombro y me giré. Vi su cara a través de las gafas, cogió mi manómetro para ver cuánto aire me quedaba y, al verlo, se asustó y su cara cambió. En ese preciso instante, al ver su reacción, fue cuando me di cuenta de que no respiraba. No me había percatado hasta entonces, curiosísimo. Empezamos a subir de manera precipitada y utilizando la boquilla auxiliar del instructor. Fue salir a la superficie y sentir un dolor de cabeza brutal, todo daba vueltas y vomité en medio del mar, ¡maldita descompresión! La vuelta en el barco fue terrorífica, solo veía el momento de llegar a la playa. No sé si fue la presión, la resaca o todo. Me convertí en el tonto del caballo y en el tonto del buceo.

Camino de regreso hacia la casa paramos en la provincia de Matanzas, en el mirador de Bacunayagua, donde pudimos ver una de las mayores obras de Ingeniería Civil de todo el país, un puente que atraviesa el descomunal Valle de Yumurí. Pero más allá de este ingenio de hormigón, considerado una de las maravillas de la ingeniería cubana, las vistas de los desfiladeros, las nubes allá abajo, las aves sobrevolándolas, la espesa vegetación de la selva tropical y la desembocadura del río que da nombre al mirador, hacen del sitio un excelente lugar para descansar en el camino. Disfrutamos en ese paraje recóndito de la mejor piña colada del mundo en vez de en un vaso, en la propia piña hueca con su jugo y ron. Donde menos podríamos imaginarlo, volvimos a encontrarnos con más ron y más música. Un pequeño chiringuito adornado como nos imaginaríamos un bar de una playa del Caribe, con tumbadoras, trompetas y arte por todos lados. Cuba es alegría en cualquier paraje.

Dos días más por la ciudad, donde visitamos la maqueta de La Habana en Miramar, barrio VIP en el que se encuentran todas las embajadas, incluida la de Rusia, que destaca sobre el resto por ser la de la antigua URSS.

Como mis amigos querían llevarles unos puros a sus padres, los encargamos en La Habana Vieja, bello barrio donde, además de sus plazas centenarias, su catedral y sus palacios, disfrutamos de los míticos La Bodeguita del Medio y El Floridita con su música en directo.

«*Mi mojito en La Bodeguita, mi daiquiri en El Floridita*», como decía Hemingway.

Visitamos el Hotel Ambos Mundos, donde el genial escritor pasó largas estancias y escribió varias de sus obras maestras. La habitación 511 en la que se alojó el Premio Nobel de Literatura durante los años 30 del siglo XX se conserva actualmente como un pequeño museo, que atesora varias de sus pertenencias.

Aeropuerto José Martí de La Habana otra vez, otro adiós en este aeropuerto en el que tantas despedidas son para muchos años o para siempre.

Se llevaron puros, cuadros, ron, imanes para la nevera, pulseras, Chevrolets de madera con la bandera de Cuba, retratos del Ché Guevara, matrículas de autos cubanos para colgar en la habitación, pero sobre todo se llevaron Cuba para siempre dentro de ellos. Tuvieron diversión, afecto, amabilidad, historia y descubrieron un pueblo que sí sabe estar.

Hasta el verano, amigos.

Capítulo VIII. Los balseros

En Galicia no se pide nada. Se emigra.

Alfonso Daniel Rodríguez Castelao (1886-1950)

Escritor, dramaturgo, dibujante y político *galego*.

En los años 80 los *marielitos* salieron en balsas del puerto del Mariel, a este fenómeno se le denomino «el éxodo».

Pero el que a mí me tocó vivir y del que fui testigo de excepción fue un espectáculo inolvidable, por histórico y por dramático. La crisis que vivía el país, donde la mayoría de la población sufría la escasez de alimentos, apagones que duraban más de doce horas, la necesidad de andar metiéndose en líos en el mercado negro para subsistir, la falta de futuro entre la juventud, etcétera, hicieron que se desatara una gran protesta que desembocó en «el maleconazo» y en el éxodo de miles de ciudadanos cubanos, en cualquier tipo de embarcación, desde el Malecón habanero: los balseros.

No se disponía de transporte, ni público ni privado, por lo que era normal, por ejemplo, ver a tu médico yendo al trabajo en bicicleta o andando una distancia de siete kilómetros, no precisamente por deporte. Los niños, para ir al colegio por la mañana, desayunaban en muchos casos agua con azúcar, y la base y el plato único durante meses fueron, exclusivamente, frijoles y arroz en muchas familias de todo el país.

Esta situación estaba acentuada por el terrible bloqueo americano sobre la isla, el único país del mundo sometido a un castigo de esas características. Cada año la ONU somete a votación entre todas las naciones del planeta la retirada del bloqueo a Cuba; pues todos los años más de ciento noventa países piden su retirada y solo dos, EE. UU. e Israel, votan en contra. A pesar de esto, sigue existiendo el bloqueo. Siempre pensé que la existencia de este embargo a Cuba era la excusa que usaban los mandatarios del régimen cubano para tapar sus errores, por lo que no tenía duda de que, si los americanos lo hubieran retirado, Fidel y luego su hermano Raúl no habrían podido justificar muchas de las malas decisiones que tomaron. Pero igual los americanos tenían miedo a que la isla y sus gentes mejoraran de verdad y a toparse con un sistema antagónico al suyo, viento en popa a toda vela, a noventa millas de su costa.

Valle de Viñales y Cayo Jutía

Los profesores me felicitaron personalmente, uno a uno, el día de la entrega de las calificaciones. Ni yo me lo podía creer, el curso había sido un éxito en cuanto a las notas. Unos días después, cuando consiguiera la documentación que acreditaba que tenía el curso acabado, podría volver a casa con mis padres. Quizá continuaría estudiando el curso siguiente en la Universidad de La Habana, pero por si acaso, tenía que llevarme a Galicia el título con los sellos del Ministerio de Educación, del Ministerio de Asuntos Exteriores y el de nuestro consulado en La Habana. Burocracia.

Sinceramente, yo quería volver después del verano, seguir con Yesenia y, por qué no, estudiar Biología en Cuba.

Antes de marcharme, decidimos ir a pasar unos días los dos solos a Pinar del Río, la parte más occidental de la isla. Dimos un paseo el Orquideario de Soroa, una especie de jardín botánico al aire libre especializado en orquídeas. No era una visita como para ir con mi grupo de amigos, pero con ella era distinto, ya que disfrutaba de cada momento, especialmente de los colibríes revoloteando alrededor de las flores. La Cueva del Indio, el Mural de la Prehistoria, las terrazas del río San Juan, los mogotes de Viñales y las extensas plantaciones de tabaco. Todo resultaba maravilloso con ella.

Toda esta zona es la tierra de las vegas tabacaleras y las fábricas de puros; sin ningún género de duda, los mejores cultivos y el mejor tabaco del planeta. Puedes caminar por los campos sembrados de hoja y observar cómo crecen estas enormes plantas verdes, no marrones como muchos piensan. Plantadas a veces bajo el sol, a veces bajo una cubierta muy liviana a modo de invernadero natural. También se puede admirar cómo trabajan los artesanos que, como su propio nombre indica, lo hacen todo con una técnica exclusivamente manual.

Uno de los mejores lugares de todo el planeta para descubrir este mundo es Pinar del Río y nosotros estábamos justo en el epicentro. Hoy en día estas legendarias plantaciones son uno de los lugares preferidos por los visitantes de los cinco continentes, pero no era así en aquellos años de poco turismo, recibimos un trato exquisito y una dedicación casi exclusiva.

Desde aproximadamente el año 1860 se cultiva tabaco para su exportación. Muy cerca de los cultivos se ubica un museo que honra la figura de los tabacaleros, pues fueron quienes realmente lograron convertir los puros cubanos en los mejores del mundo, relacionándolos con políticos, actores y músicos. Recuerdo encuentros en viajes posteriores con actores como Matt Dillon, y anécdotas curiosas sobre el puro del Ché Guevara, por ejemplo, como cuando su médico le prohibió el tabaco debido al asma y, previa negociación e imagino que también por miedo a llevarle la contraria al Comandante, acabo permitiéndole uno al día –al día siguiente, el Ché entraría por la puerta del ministerio con un puro de un metro de longitud en la boca.

Por otro lado, tengo entendido que nuestro defenestrado Juan Carlos I recibía cada cinco de enero por su cumpleaños una caja de los mejores habanos de parte del pueblo de Cuba, enviada personalmente por su Comandante en Jefe, Fidel Castro. Ahora que conocemos mejor a nuestro monarca, me imagino que los disfrutó como un cabrón.

El tabaco es la tradición e identidad de un valle que es Patrimonio de la Humanidad. Fumarse un puro cubano en el Valle de Viñales es la opción ideal para fusionarse con el ambiente en todo lo que concierne a este arte que es la producción, transmitida de generación en generación a lo largo de décadas. El empleo de métodos artesanos y antiguos para todo el proceso de cultivo singulariza la vida diaria del campesino del valle.

Tanto Yesenia como yo disfrutamos de pleno con los moradores del lugar y sus costumbres. Como eslogan turístico, lo leí en algún sitio y me pareció formidable, «De la semilla hasta el humo», una bonita frase para definir el ciclo productivo. ¡Cómo me sentí de bien, cómo disfruté y cómo me olvidé de mi regreso a Galicia! En este paraíso donde la naturaleza y la tradición campesina se imponen, fue genial adentrarse en su interior. Yesenia lo disfrutó igualmente, aunque no se le suponía tanta ilusión como a mí por las expresiones de su cara.

Continuando con la ruta, desembocamos en una edificación muy particular, la Casa del Habano. Allí, las hojas recién recolectadas se someten al ensarte, actividad que suelen hacer mujeres expertas en la labor y que consiste en unir con agujas alargadas las hojas en un hilo. De esa manera estarán listas para el secado, proceso que tiene una duración de casi dos meses. Colgadas del techo o en hilares, que podemos definir como percheros gigantes, aportan un color y un olor que ya quisieran para sí las mejores cavas de las grandes capitales mundiales o los selectos clubes ingleses de Churchill o de Phileas Fogg.

Fumarme un «tabaco», como llaman al puro en la zona, en aquel lugar me despertó una mezcla de hechizo, distinción, clase y poderío que no podría haber sentido si lo hubiera descubierto en cualquier otro lugar, como en aquellos soportales de Compostela en los que hacía botellones con mis amigos para protegernos de la lluvia. Sensaciones que emanan de un arte remoto, casi prehistórico, donde el Valle de Viñales es el protagonista.

Nos intentaron enseñar a torcer un puro de manera artesanal, pero no lo consiguieron. Trabajo de cirujanos. Necesité la inestimable ayuda de una torcedera, que amablemente elaboró conmigo a mano un auténtico puro cubano, no pude decir que no a ese menester. Yesenia le dio una calada y tosió, por lo que no pudo seguir fumando. Había tragado bastante humo y, por un momento, pensé que se ahogaría.

Uno de los trabajadores tenía una Polaroid, una cámara de la época que imprimía las fotos al momento, estuvo muy de moda en aquellos años y en Cuba era una buena opción para el turismo por su rápido revelado. Se ofreció a hacernos una foto juntos por el precio de un dólar. Como era un buen recuerdo le dije que sí y nos hicimos dos prácticamente iguales, una para cada uno.

Me encantaron los «tabacos», quizá debido a no disponer de marihuana o hachís como en Galicia. Aquí, aunque se podía conseguir, era bastante peligroso y suponía varios años de cárcel, lo que hizo que me aficionara a disfrutar los habanos como nunca.

Evidentemente, como parte del recorrido tuvimos la oportunidad de probar sabrosos platos de la comida tradicional cubana. En esta parte del país, al ser campo, todo era mucho más ecológico, según los parámetros que manejamos hoy en día. La elaboración está en manos de los lugareños con la rica y popular sazón de la región, un delicioso recuerdo que aún hoy me viene al paladar cuando huelo el aroma que se desprende al cocinar unos buenos frijoles negros.

Después de nuestra visita de fauna, flora, cultura y tabaco nos fuimos a vivir una experiencia única, Cayo Jutía, que probablemente siga siendo una de las mejores playas de toda Cuba, salvaje, desconocida y llena de vida.

Dejamos el coche en la costa y llegamos al cayo dando un paseo bastante largo. Cayo Jutía debe su nombre a la jutía, un roedor de gran tamaño, de unos siete kilos, que habita en los árboles cubanos y que, en la actualidad, se encuentra en peligro de extinción.

El tiempo se detiene en aquellos parajes, sus aguas azul turquesa se tornan rosas al atardecer, sus blancos arenales son inabarcables a la vista. Hay que deleitarse con cada lugar que nos muestra esta naturaleza virgen. El paraíso en la tierra, todo lo que me habían comentado sobre este sitio era cierto, pero nada mostraba la realidad del momento.

Un cayo es una isla arenosa de baja profundidad que se forma sobre la superficie de un arrecife de coral. Es muy común en todo el Caribe, para llegar a algunos de ellos es necesario el uso de embarcaciones. Sin embargo, otros están tan cerca de la costa que se pueden comunicar de forma natural con arenales o mediante puentes rústicos de madera, como el nuestro. Justamente este cayo era un total desconocido para el turista que visitaba otros de la isla, aquí no había hoteles, restaurantes ni cafeterías. En aquellos años no había absolutamente nada. Un lugar recóndito y perdido donde parecía que hubiéramos retrocedido varios miles de años, alejado totalmente de la mano del hombre.

Además, cuanto más lejos, mayor era la sensación de adentrarnos donde nunca antes había estado nadie, de lo más exótico y natural que os podáis imaginar. Solo llevábamos una tienda de campaña muy particular y hecha a mano –si no hacía viento ni llovía no habría problema–, algo de comida, agua y, por supuesto, también ron.

La emoción me desbordaba. Sabíamos que al final del cayo, siguiendo una ruta hacia el sudoeste, desembocaríamos en un arenal desconocido con una playa paradisíaca llena de estrellas de mar gigantes, nos lo había contado un viejo campesino del valle. Sin más que añadir, nos pusimos en marcha hacia esas calas con la ilusión de encontrar aquella lejana playa y establecer allí nuestro campamento base. Pocos metros después de empezar a andar y adentrarnos un poquito en el cayo, el paisaje cambió radicalmente. Enredos de manglares nos dificultaban el paso, no se me olvidan esos troncos grisáceos rompiendo las olas, como adentrándose en el mar.

Aunque disfrutamos de una inigualable belleza, caminar en esas condiciones nos supuso un verdadero quebradero de cabeza. En ocasiones, los manglares nos obligaban a adentrarnos algunos metros en el agua hasta cubrirnos las piernas, agua cálida como ninguna. Con el sol y el calor del momento, hasta nos venía bien mojarnos un poco. Caminar por el mar con el equipaje a hombros me hizo sentir como quizá se sintieron los primeros españoles cuando

descendieron de las tres carabelas al llegar a América, no creo que encontraran un paisaje muy distinto a este.
Curiosamente, la carabela, La Pinta, a su regreso del Nuevo Mundo, alcanzó tierra en un pueblo de Galicia, Baiona, el primer puerto europeo que recibió la noticia en exclusiva del Descubrimiento de América. Allí, en la actualidad, tenemos una réplica de esta nave a tamaño real.
En una ocasión descubrimos un camino por el interior, alejándonos de la costa. Encontramos una laguna donde miles de cangrejos verdes, rojos, azules y amarillos, parecían el arcoíris, se alejaban de nuestro camino haciendo sonar los fuertes chasquidos de sus pinzas, como retándonos. Creo que intentaban asustarnos.
Estuvimos a punto de rendirnos muchas veces, ya que alguna cala nos tentaba a olvidar la idea de la magnífica playa de las estrellas de mar gigantes y dejar de andar. Vista la belleza del lugar, estaba claro que cualquier sitio que eligiéramos sería maravilloso.
Sin embargo, tras casi una hora de caminata y cuando empezábamos a desesperar, con la bandera blanca de la rendición ya en alto, oculto tras una pequeña duna, descubrimos el paraíso. Sin duda, la mejor playa de Cuba y

del mundo, el Jardín del Edén. La presencia de las palmeras le daba aún un toque más exótico, atractivo y emblemático.
No se veía ninguna construcción hecha por el hombre, ninguna persona, parecíamos Adán y Eva. Yo estaba totalmente desnudo, pero Yesenia, más pudorosa y a pesar de saber que éramos los únicos habitantes del lugar, se quedó únicamente con la parte de debajo de su precioso bikini blanco, que no hacía más que destacar su color de piel y sus curvas.
Un paraíso para nosotros solos, donde el único sonido era el de las olas del mar y el palpitar de nuestros corazones.
Nada más entrar al agua encontramos lo que buscábamos: las famosas estrellas de mar, conchas gigantes, caracolas e incluso alguna langosta despistada que pudimos atrapar. Era lo que había soñado, como imaginaba que podría ser el paraíso, lo que nuestros ojos no volverían a ver jamás.
Con el mar cubriéndome poco más de la cintura la cogí en brazos, y viendo el horizonte, las palmeras, el agua cristalina y las arenas blancas, la besé e hicimos el amor. No se acababa nunca, con mis manos en sus nalgas gelatinosas, con la sensación de que no me cambiaría por nadie sobre la faz de la tierra, sin notar cansancio y con un placer infinito. No puedo ni recordar la de veces que lo hicimos.

Una botella de ron Habana Club, una hoguera, tumbados en la arena, una langosta a la brasa y en el mejor lugar para ver el atardecer. Al lado del manglar, con las palmas reales detrás, era fascinante ver las raíces volverse rosáceas cuando el sol empezaba a descender, era algo único que veníamos soñando desde que habíamos llegado a aquella playa. Una experiencia inolvidable. Solo había un problema, unas nubes que amenazaban con arruinarnos el espectáculo. Pero increíblemente, cuando se levantó el telón para empezar la función, las nubes se diluyeron en el cielo regalándonos uno de esos momentos únicos. Hasta el clima se había conjurado para darnos la experiencia más espectacular de nuestras vidas.

Cenamos, bebimos ron, cantamos, bailamos e hicimos el amor en la arena. No teníamos ninguna luz salvo la de nuestra hoguera, la luna y el cielo cubierto por un manto de estrellas.

Lo pasamos genial contando anécdotas de nuestra vida, pero sobre todo, de nuestros posibles planes de futuro, allí o fuera.

Encontré un bolígrafo en la mochila mientras preparaba las cosas para dormir, y decidí tener un recuerdo de por vida de aquel día. Pusimos nuestros nombres detrás de las fotos que nos habían hecho en Viñales. Quién iba a pensar que este momento marcaría toda nuestra vida.

Santiago Louzao, Galicia.
Yesenia Espada, Cuba
Viñales y Cayo Jutía

Dormimos en la tienda sin inconveniente alguno, el batir de las olas fue un bálsamo que nos permitió descansar como angelitos. Nos despertó con los primeros rayos del sol el mismo ruido, más bien la música celestial de un oleaje perfecto, porque no existe el ruido en Cayo Jutía.

Bañito en el Caribe, un poco de mango y una carrera por la orilla. Hacer el amor y tumbarnos a la sombra bajo el amago de tienda, que más bien era una especie de tela superior con cuatro palos clavados en la arena. Nos entraba el sol por todos los lados.

No me quería ir nunca, era la primera vez que le decía te quiero a una mujer sintiéndolo de verdad.

Cuando llegamos a La Habana, por mucho que nos gustara esta ciudad, sabíamos que después de habitar aquel edén ya ningún lugar sería el mismo. Esos días con Yesenia me habían conducido a mi nirvana particular. A ella también, y esto me hacía sentir mejor aún.

Había olvidado el incidente con Uxía, nada me atormentaba, y ojalá mi mulata y yo pudiéramos seguir con nuestra historia de amor aquí o allí.

90 millas

Poco antes de que irme, fui protagonista de uno de los episodios de la historia de Cuba y EE. UU. más impactantes y con más influencia en el devenir próximo del planeta.

La situación durante el Período Especial hizo crecer el malestar entre la población, realmente ya como turista tenías poca variedad donde elegir, incluso con dinero te llegabas a frustrar. Pero la realidad para el día a día del cubano de a pie había llegado a ser muy preocupante. En su ingenio, la población dejo de referirse a los «apagones» para pasar a hablar de «alumbrones», puesto que ya se vivía más tiempo a oscuras que con luz.

Este Período Especial en Tiempo de Paz fue sinónimo de hambre, sufrimiento y austeridad. El PIB sufrió un descenso del 35 %, para que os hagáis una idea, en la crisis económica del 2008-2014 en España cayó un 9 %, recordad los millones de parados y los miles de españoles que emigraron. En la crisis del coronavirus del año 2020 se desplomó alrededor del 11 %, con confinamiento incluido y casi todos los negocios cerrados.

El comercio con la URSS representaba un 72 % del total y el petróleo que se usaba Cuba procedía en un 98 % de la actual Rusia. La caída del bloque soviético supuso un mazazo infernal, el bloqueo-embargo norteamericano seguía vigente y Cuba no tenía una Unión Europea que la ayudase ni países ricos cercanos que la visitasen, como nosotros.

Los alimentos fueron racionados, pero poco a poco se llegó a tal escasez que muchos cubanos se vieron obligados a alimentarse de, literalmente, cualquier cosa que estuviera al alcance de su mano. Esto provocó un problema muy serio de nutrición, que generó enfermedades como los miles de casos de neuritis óptica, una condición que causaba ceguera temporal y que se vinculó a la falta de ingesta de nutrientes.

Las impactantes historias de esos aciagos días abundan en la isla: gente que tuvo que vender reliquias familiares para comprar comida, gatos callejeros convertidos en parte del menú, transporte a pie o en bicicleta, picadillo con cáscara de plátano o desayunos de agua con azúcar. Horrible e inimaginable por el pueblo unos años antes.

Esta necesidad extrema estalló un día de verano, tras el hundimiento de un remolcador del puerto de La Habana, secuestrado por familias con niños para poder huir hacia Florida. Muchas personas perecieron tras las embestidas de otros barcos del puerto cubano.

Tras el detonante del remolcador, unido a la crisis brutal que azotaba la isla, llegó «el maleconazo». La primera vez en la historia del castrismo con una protesta de ese calibre en la calle, miles de personas asaltaron las tiendas y el gobierno envió primero a la policía y al ejército. Posteriormente, en una idea sublime que se asignaría a Fidel, decidiría sacar a la calle una brigada de voluntarios, gente del pueblo, para contrarrestar las protestas y mitigar el efecto de la revuelta. Por supuesto, el mismísimo Fidel Castro se presentaría en el epicentro de las protestas, montado en un *jeep* militar con el uniforme de combate verde olivo que lo acompañó tantísimas veces a lo largo de los años.

Esta situación, junto con otros episodios como la no entrega por parte de los Estados Unidos de un asesino que había huido a Florida, hizo que se autorizara la salida de cualquier cubano hacia EE. UU.

Nadie podía detener aquella locura. Neumáticos, balsas hinchables, palés de madera con remos, todo lo que os imaginéis que pueda flotar, por precario que fuera se hacía a la mar en una lucha desesperada contra el oleaje y la muerte. No se sabe la cantidad de gente que no llegó, víctimas del océano y pasto de los tiburones. Lo que sí sabemos es que salieron decenas de miles: los famosos balseros.

Un lustro después, el conocido caso de un niño de 6 años llamado Eliancito, único superviviente del hundimiento de su balsa, donde murió ahogada su madre, junto con la actuación de Bill Clinton y Fidel Castro, trastocaría la política internacional, ya que en las elecciones presidenciales norteamericanas era determinante el estado de Florida y la oposición anticastrista decantaría las elecciones en favor del candidato republicano George W. Bush. Todos sabemos lo que vendría después de salir elegido, 11-S, guerra de Afganistán, guerra de Irak... Si hubiera ganado Al Gore, igual nada de esto habría sucedido, incluso, salvo en el caso de que el poder lo hubiera cambiado, habría resultado vencedor el planeta, ya que con posterioridad se convertiría en un arduo luchador contra el cambio climático.

Se presupone también que las cárceles cubanas fueron vaciadas por parte del gobierno, para permitir la salida de los presos del país hacia Estados Unidos.

El Presidente americano, ante estos acontecimientos, decidió crear la Ley de Ajuste Cubano, conocida popularmente como «Ley de pies secos, pies mojados» debido a que si alcanzabas la orilla (pies secos), te daban muchas facilidades, todo tipo de ayudas y residencia; en cambio, si te cogían en el mar (pies mojados), no te permitían el acceso al país, lo que supuso el envío de decenas de miles de cubanos a la Base Naval de Guantánamo, en el sur de la isla, durante ese período. Allí permanecerían alrededor de un año hasta ser conducidos a varios países, entre ellos EE. UU. y España –años más tarde conocería a varios de ellos en Santiago de Compostela. Esto provocó aún más avalanchas de emigrantes durante los años posteriores, y también que el pasaporte cubano estuviera muy cotizado en la frontera norteamericana con México, pudiendo costarte hasta la vida a manos de los «coyotes», traficantes de personas.

Pero mientras estos acontecimientos se hacían un hueco en la historia, en un pequeño apartamento del Vedado y con el dinero recibido de su papá, que llevaba un año en Miami, una madre y su hija habían conseguido hacer una pequeña balsa para tres personas, Yesenia y Ariadna se iban a ir del país. Aunque Yesenia se enteraría ese mismo día, su madre llevaba un mes planeándolo y la ocasión le vino como anillo al dedo.

Vinieron a decírnoslo tres horas antes de la partida, se iban con su vecino Igor. No me lo podía creer e intenté por todos mis medios evitarlo. Les ofrecí dinero y les propuse que se vinieran conmigo, pero la madre estaba decidida y mi amor no se atrevía a dejarla sola en esa travesía. La oportunidad de vivir en Galicia no fue suficiente para hacerlas cambiar de opinión. Ni siquiera mi tío, que entendía su desesperación, pudo ayudarme a convencerlas. La determinación de la madre era imparable.

Las acompañé hasta el Malecón, se iban con lo puesto y con unas botellas de agua, ¡no me lo podía creer! Se me salían las lágrimas a borbotones, miles de personas vitoreaban y daban ánimos desde la barandilla, otras muchas desde el agua.

Yesenia se agachó y me dio nuestro último beso.

–Mucho ánimo y buena suerte –grité, llorando.

–Te amo, volveremos a estar juntos, mi vida –me susurró al oído, besándome y llorando como yo, con total sinceridad.

Me metí en el agua hasta donde alcancé, empujé la pequeña balsa hasta donde pude; empezaron a remar con los dos remos y la mamá, con las manos.

Golpeé el agua con los puños con todas mis fuerzas, subí al Malecón y no me moví hasta que las perdí de vista, cientos de pequeñas e increíbles embarcaciones flotaban sobre la bahía de La Habana.

Jamás llegaron a tierra, en un golpe de mar con olas de tres metros de altura, la mujer de mi vida y su madre salieron despedidas durante la noche. Igor pudo mantenerse agarrado a la embarcación y volver a subir. Oyó sus desgarradores gritos durante los minutos en los que intentó por todos los medios alcanzarlas en la oscuridad, hasta que se volvió a hacer el silencio, solo roto por el sonido del oleaje, como en nuestros días de pasión en el paraíso de Cayo Jutía.

Igor alcanzó la costa en solitario, la noticia se la trasmitió a mi tío una de sus sobrinas desde Orlando, donde tenía a parte de su familia. Me dieron el pésame cuatro días después de su partida, a cuarenta y ocho horas de mi marcha. El desconcierto por no recibir la llamada de Yesenia desapareció de repente.

No dormí en esos dos días de tensa espera, previa a mi vuelo. Me destrocé el puño contra la pared como consecuencia de mis golpes de impotencia, ¡podría haberlo evitado! Fue mi tío quien me contó la noticia en una de las tardes más horripilantes de mi vida.

Decidí salir a andar sin rumbo, perderme por aquellas calles, sin saber aún que no sería la única impactante noticia que me esperaba ese día.

Capítulo IX. Volver a empezar

Es mejor morir de pie que vivir de rodillas.

Emiliano Zapata (1879-1919)

Líder de la Revolución Mexicana y agricultor.

Ché Guevara (1928-1967)

Líder revolucionario, Ministro de Cuba y médico.

Tras este varapalo emocional, quería volver a casa con mis padres. No me encontraba nada bien, tenía todo listo y el vuelo era al día siguiente. Me despedí de Albert, sabía que dejaba a una persona maravillosa, lloró conmigo y de verdad sentí que en algún momento de mi vida tendría que volver a Cuba, por mis tíos, por mis primas, por Albert… Eran una gente formidable, pero en este preciso momento mi corazón me pedía partir.

Esa tarde decidí jugar mi última partida con el viejo Pacheco; me daba ánimos, pero yo sabía que Yesenia no aparecería nunca. Había perdido toda mi esperanza.

Durante esas dos horas pude evadirme un poco. Se presentó el militar Carlitos, tal vez por casualidad o porque sabía que me iba y quería aprovechar la ocasión para alguno de sus negocios. Con Carlitos no hablé para nada de Yesenia, solo jugamos y bebimos unas cervezas. Fue él quien sacó el tema del vuelo y de mi partida, sabía que disponía de sitio en mi maleta y me propuso que le llevara un paquete para un amigo en Madrid. El amigo iría a recogerlo al aeropuerto a mi llegada, y a mí no me supondría ninguna molestia.

Cuando Pacheco fue a buscar más tabaco, este perro viejo me dijo que, como había trabajado en el puerto, disponía de contactos, y que le habían traído una mercancía del extranjero. Eran cuatro kilos de una sustancia prohibida: cocaína. Vendría cerrada y no la olerían ni los perros porque iba embadurnada con un gel que era como un perfume. Este enlace en España trabajaba en Barajas, el aeropuerto de Madrid, por lo que no tendría que pasar el filtro de la policía, ya que me recogerían el paquete antes. Me ofreció tres mil dólares, y siendo yo joven y dado que mi situación personal no me permitía pensar con frialdad, le pedí unas horas para pensármelo. Acabamos la partida y me fui.

Pacheco me había levantado el ánimo, me había convencido de que Yesenia podía haber sido rescatada por alguna otra embarcación e igual en estos momentos estaba en Guantánamo o en Miami. «Sé fuerte, Santi», me decía. Quise agarrarme a ese clavo ardiendo.

El teléfono sonó varias veces hasta que me levanté a cogerlo. Mi tío insistió en que lo cogiera yo, ya que era la hora en la que habían quedado en llamar mis padres. Transmitirles la noticia se me iba a hacer muy duro. Prefería decírselo en Marín, cara a cara. Concretamos la hora de llegada y recogida y les dije que ya llevaba mi título de bachillerato, que había llegado durante mi estancia en el cayo.

El Retorno del Jedi

Decidí decirle a Carlitos que llevaría su paquete. Pero le pedí cuatro mil dólares por el transporte y un kilo de cocaína para mí al precio de quince mil fulas, como denominan en el argot cubano a la divisa norteamericana. Le pagaría a mi vuelta a la isla, si se producía, o a su enlace en Madrid. Para efectuar el pago necesitaba un plazo de un mes desde mi llegada. A pesar de este órdago, no tenía pensado volver todavía, pero creo que no tenía miedo a no pagar, quizá por mi edad, mi valentía o el desbarajuste emocional del momento que estaba viviendo. También estaba seguro de que lo vendería pronto y por el doble sin problema, o poco a poco, con lo que sacaría cuatro veces más. Así que el riesgo me supondría unos ingresos de más de sesenta mil dólares a mi llegada.

Al día siguiente mi tío me llamó, Pacheco estaba en la puerta preguntando por mí. Intentó convencerme de que le echara un bueno ojo a lo que me diera Carlitos, que no era trigo limpio, evidentemente no tenía ni idea de lo que yo me traía entre manos. Para que se quedara tranquilo, le juré que no llevaría nada que me pudiera comprometer.

Había imaginado que la despedida de mis tíos y mis primas sería dolorosa, pero nunca creí que tanto. De todo corazón espero que mi partida no fuera un adiós, sino un hasta pronto.

El vuelo que hubiera deseado coger con Yesenia y con el que tantas veces había soñado, no solo lo cogía sin ella, sino que tampoco la dejaba en La Habana, llevaba cuatro días desaparecida en el mar. Pude dormir algo en el avión por el agotamiento de no haber descansado absolutamente nada durante las últimas cuarenta y ocho horas. Me desperté con el choque de las ruedas contra la pista. Lo bueno fue que los nervios que debería haber tenido por toda la droga que transportaba no habían podido con mi cansancio.

Salí del avión que aparcó en un parking remoto, por lo que sería una jardinera, el autobús que nos lleva del avión a la terminal en el argot aeronáutico, la que me acercaría a la zona de equipajes. Llevaba mi maleta de mano, con mi kilo de cocaína. Había pensado que, si tenía que pasar algún escáner, la manera de conseguir que pasara desapercibido era envolverlo en papel de plata y con la forma de una botella, o eso suponía yo. En la maleta que había facturado iban los cuatro fardos del enlace en Madrid.

Llegué a las cintas de recogida de equipajes, nadie me saludaba, nadie me interpelaba ni me hacía un gesto que me pudiera dar a entender algo. Estaba muy nervioso, por dentro era un flan, sudores fríos me recorrían todo el cuerpo. Pero tenía que aparentar lo contrario porque había bastante Guardia Civil. Además, el vuelo coincidía en hora de llegada con algún otro procedente de «zonas calientes», como ellos mismos califican a Colombia, Venezuela y República Dominicana, de donde viene la mayoría de la cocaína a través de los aeropuertos.

Cuando salió mi maleta nadie me había contactado aún. Retiré mi equipaje de la cinta transportadora y en ese momento alguien se me acerco por la espalda, yo no lo había visto venir. Era un operario de la compañía aérea.

–Todo listo, pilla la maleta y lárgate –me susurró al oído, mientras introducía un papel en mi bolsillo.

Después del sobresalto inicial, esto supuso un alivio brutal. Pero al darle una vuelta al trabajo que aún me quedaba a mí con mi paquete, volvió la preocupación.

Al parecer, estos cabrones tenían una muy buena infraestructura en el aeropuerto y habían hecho un buen trabajo. Esperaba que sus tentáculos no llegaran a la policía y me detuvieran para quedarse con mi kilo, o bien que dieran un chivatazo para poder salir ellos tranquilos por otra zona.

Había decidido no facturar directo desde La Habana hasta Vigo para realizar esta operación; recogería mi maleta en Madrid y volvería a hacer el mismo proceso en los mostradores de facturación de Barajas para coger mi vuelo a Vigo ya sin los fardos en la maleta.

Como había muchísima gente en esa zona de la terminal, yo pasaba desapercibido, así que decidí sentarme en un banco y abrir la maleta para hacer la comprobación. Efectivamente, faltaban los cuatro kilos de cocaína. En el papel que me habían introducido en el bolsillo figuraba un número de teléfono, al cual decidí que llamaría desde una cabina de Galicia al día siguiente por la tarde para cerrar el pago de mi kilo. Yo todavía lo tenía que sacar de la zona de equipajes y pasar inadvertido por el filtro formado por dos agentes de la Guardia Civil.

Sin parecer nervioso, sin dar la sensación de que no me decidía a salir y sin aparentar estar perdido, avancé con paso firme en el momento que consideré que había bastante gente y me dirigí decidido hacia la puerta. Aceleré el paso en los últimos metros y bajé la mirada cuando ya parecía que lo había logrado e iba salir con éxito.

–Caballero, tiene mucha prisa –exclamó un guardia civil, apoyando la mano en mi hombro.

–No, para nada. ¿Algún problema, agente? –le respondí mirándole a los ojos, pero con voz temblorosa.

–Por favor, apártese de en medio, está obstruyendo el paso –añadió agarrándome por el brazo y dejándome encajonado en una esquina.

Mientras se acercaba el otro guardia, me hizo una última pregunta con cara de pocos amigos:

–¿A dónde pensaba ir?

–A coger otro vuelo, voy a Galicia –susurré con una voz muy tenue, intentando parecer íntegro.

–No creo que suba a ese avión… como no lleve la documentación –añadió señalando mi cartera, que se me había caído delante de ellos y nos la estaba acercando el otro guardia.

Suspiré, respiré, ¡qué alivio y qué hijo de puta a la vez! ¡Qué mal trago me hizo pasar sin saberlo!

Luego pensé que al guardia civil le podría resultar sospechoso que para ir de un vuelo a otro hubiera recogido mis maletas y fuera a facturar nuevamente. Así que temí que pudiera esperarme en la puerta de embarque –yo aún tenía un kilo de cocaína encima, es decir, de tres a seis años de cárcel si me descubrían– y, después de esta experiencia, decidí no subir en el vuelo a Vigo, irme a la estación de autobuses y viajar a Pontevedra por carretera. Llamé a mis padres para informarles de que había llegado a Madrid y contarles que no iría en avión, y les di la nueva hora de llegada a la estación. Me inventé una excusa para no levantar sospechas, tenía que esperar porque mi maleta no aparecía, les dije que no se preocuparan y que si perdía el vuelo me llevarían en autocar.

Estaba acojonado y me dio la sensación de que sería más seguro el autobús, además yo estaba haciendo el viaje a la inversa, la cocaína va de Galicia a Madrid y no al revés, como era mi caso.

Lo bueno de esta abrupta e inesperada llegada a la capital de España es que me había olvidado de la desaparición de mi amor. Y no recuperé la nostalgia hasta que, ya en la carretera, en un viaje triste donde los haya, con la lluvia golpeando la ventana, las gotas resbalando por el cristal, sin pegar ojo y sin querer comer, volvieron a clavarse en mi retina las imágenes de su partida. Creo que me van a atormentar el resto de mi vida, con el agua hasta la cintura, lágrimas negras sobre mis mejillas y empujando la balsa hacia su trágico destino.

Desde la estación de autobuses de Pontevedra llamé al teléfono que me habían dado. Una persona con acento sudamericano me confirmó desde el otro lado de la línea que tenían constancia de mi paquete y que alguien se acercaría en la tarde del treinta de agosto a casa de mis padres a buscar el dinero en efectivo. Un plazo razonable que yo consideré que sería suficiente. Nunca más me llamarían y yo no tendría que llamar más, solo deshacerme del número de teléfono y, si tenía que dar alguna explicación, ya sería en persona al tipo que me visitaría ese día.

Entré en Marín casi un año después de haber partido hacia una experiencia fascinante, regresaba con mis maletas llenas de recuerdos, un kilo de coca en el coche de mis padres y un dolor en el alma infinitamente mayor del que había dejado cuando había tenido que partir.

Contarle lo de Yesenia a mis padres fue volver a recordar la experiencia, ellos tampoco pudieron contener el llanto. Al volver a revivir aquel maldito suceso, aunque solo fuera con palabras, me invadió una vez más la misma sensación horrible y traumática. Por momentos me quería morir.

Tras llamar a mis tíos para confirmarles que todo había bien y que ya estaba en casa, cené la tortilla de patatas de mi mamá, llevaba días deseándola, y me acosté. Era temprano, pero no podía más. No dormí bien, tuve pesadillas y sobresaltos y estuve comiendo techo casi toda la noche, como se suele decir cuando tienes los ojos como platos y no eres capaz de conciliar el sueño.

A las cuatro de la mañana sonó el teléfono de casa, me extrañó muchísimo, me pilló en la cocina bebiendo algo de agua después de levantarme para ir al baño. Aceleré el paso para coger el teléfono, en parte para evitar que se despertaran mis padres.

¿Quién podría ser a esas horas?

En aquella época en la que no disponíamos de telefonía móvil, cuando sonaba a esas horas era porque algo realmente malo había pasado, un hospital o la policía con alguna trágica noticia, pero estábamos todos en casa. Quizá algún amigo bromista borracho para darme una particular bienvenida.

¿Quién podría ser a esas horas?

Nada más descolgar preguntaron por mí, por Santiago Louzao, en castellano, pero con acento americano. No lo reconocía, no era mi familia en Cuba, tampoco eran mis amigos. Afirmé con un simple sí, no tenía ni idea.

–Buenas tardes, Señor Louzao, le llamo del Jackson Memorial Hospital de Miami. Soy la doctora M.ª José Calixto –me recorrió una sensación de duda.

–Buenas noches –no dije nada más, algo me estaba devorando por dentro.

–¿Conoce usted a una mujer cubana, de piel mulata, que intentó salir en balsa hacia la Florida?

A la doctora Calixto se le escuchaba muy bajo, se notaba que llamaba desde muy lejos.

Lo primero que pensé es que había aparecido el cadáver, ¿pero por qué me daban a mí la noticia y desde el hospital? Yesenia tenía padre y familia, tanto en Miami como en Cuba.

–Por supuesto que sí, es mi novia –respondí llorando. No me dejó continuar. Me interrumpió enseguida.

–Tenemos a su novia aquí en el hospital, está inconsciente, muy grave, pero está aquí ingresada. La rescataron unos balseros en los cayos de Florida hace dos noches, lo único que tenía encima era una foto con su nombre detrás. Nos ha costado mucho encontrarle, mil gestiones con el consulado español –se hizo el silencio por un instante, hasta que se sonaron mis gritos de alegría y esperanza.

–Bueno, tranquilo, tiene que darme el nombre de ella, para contactar con algún familiar aquí, en la foto solo se ve su nombre –mis gritos hicieron que se callara.

Mis padres vinieron corriendo, era increíble, acabé de darle los datos de ella y de su padre. Se había llevado mi foto, solamente podía llevar algo y había elegido mi foto. Y eso había hecho posible mi identificación. Su nombre lo habría borrado el agua.

Obviamente ya no nos acostamos en lo que quedaba de noche. Nos dedicamos a hacer unas llamadas de teléfono y a preparar la maleta. Mis padres se vistieron y salimos en el coche cuando ni siquiera había salido el sol. Yo ya llevaba un rato esperando en la puerta.

«Buenas tardes, les habla el comandante, mi nombre es Antonio Roca. Bienvenidos a bordo de este Airbus340 de la compañía Iberia con destino Miami, el tiempo de vuelo será de nueve horas y treinta minutos aproximadamente, la meteorología que nos acompañará durante el vuelo será bastante buena durante toda la ruta salvo por…»

No habían pasado ni veinticuatro horas en Galicia y ya estaba volando otra vez a miles de kilómetros, en el asiento 24B, con una sonrisa esperanzadora y dispuesto a volver a abrazarla. Esta vez, para vivir otra experiencia muy distinta a las anteriores. Esperemos que, como mínimo, igual de interesante.

FIN

Epílogo I

Roberto Antón Santiago, «Piru»

Autor de los libros: ***Adolescentes 2.0. Propuesta de intervención con adolescentes y familias*** y ***Familias con adolescentes 2.0,*** además de psicólogo.

Alguén podería pensar que en tempos de pandemia, só poden xurdir relatos apocalípticos e pesimistas relacionados cunha situación rara e complicada. Curiosamente, o noso amigo Lou, ofrécenos unha historia allea a esta realidade cargada de restricións, toques de queda e prohibición.

Este é un libro cheo de vida, de historias extremas cargadas de tolerías e desenfreo, e de anécdotas divertidas que nos levan a lugares afastados e a realidades ben distintas pero que, por azares do destino, teñen moitos lazos en común.

¿Que poden ter en común estes dous mundos separados por un océano e miles de quilómetros de distancia? ¿En que poden coincidir as xentes que viven nun lugar chuvioso, frío, poboado por xentes desconfiadas, traballadoras e emigrantes, con ese lugar cálido, de xentes abertas, vividoras e con moitas dificultades para saír da súa terra? Seguramente Lou é quen de atopar ese denominador común neste libro a través das súas historias, que teñen que ver con vivir a vida intensamente.

É precisamente diso do que nos fala Lou neste libro. Nun intre no que moitos de nós estamos a vivir ese momento histórico que non imaxinabamos que nos sucedese, neste tempo no que nada do que nos fala este libro sería posible, precisamente é cando xurde esa historia que nos leva a este tempo pasado no cal, sen dúbida, podemos estar de acordo en que todo era mellor.

Recentemente lin que non deberiamos pensar en cando vai rematar, senón en como queremos ser cando remate. Non sei se a resposta a esta cuestión sería tan tola como as historias que nos relata Lou nestas páxinas, aínda que ben seguro que para el si. Porén, penso que a todos os que rematamos de saborear este libro nos gustaría, polo menos, poder desfrutar dalgunhas historias semellantes.

Agora, mais ca nunca, precisamos viaxar a eses lugares comúns, a esas historias pasadas e refrescarnos nelas, para escaparnos desta realidade que nos absorbe e tentar fuxir desa tolemia que se cerne sobre nós, precisamente mergullándonos nela.

Ogallá cheguen eses novos felices anos 20 que algúns presaxian, Desde este lugar e neste intre, semella improbable, mais tras ler este libro, resulta máis necesario que nunca.

Epílogo II

Tomás Sainz del Río

Ateo de colegio de curas. Deportista de salón. Celtista sin remedio e interesado en la historia, la cocina y cien mil cosas más.

TIEMPO DE DESCUENTO

A Lou lo conocí a mediados de los noventa en una *fiesta de piso* en Compostela. De ese piso en el que nos encontramos por primera vez, situado en una calle que homenajea al benedictino que tuvo la *genial* idea de introducir el eucalipto en Galicia, salieron buena parte de las historias que hoy en día, sobrepasada con holgura la cuarentena, monopolizan las sobremesas de cualquiera de nuestras reuniones de *amigotes*.

Son esas aventuras de juventud a las que Bruce Springsteen puso banda sonora con «Glory Days» y que, cada vez que se cuentan, tienen más drogas, más alcohol y más chicas ¡sobre todo más chicas! de lo que yo honestamente recuerdo. Podría contar cualquiera de esas andanzas cambiando los nombres de Gon, Anxo o Manolito por otros completamente inventados, pero ni las recuerdo con la precisión con la que merecen ser contadas, ni tengo tampoco ganas de hacer frente a los *contratiempos* que pudiese ocasionarme hacerlas públicas aquí y ahora.

Así que mejor os voy a contar una historia sobre Lou de la que sí me acuerdo perfectamente, la de cuando me hizo partícipe de su Teoría sobre el Sentido de la Vida.

Corría enero de 1996. La ciudad andaba revolucionada con aquel *Compos* que acababa de proclamarse subcampeón de invierno y nosotros, con poco más de veinte, estábamos en la mesa del fondo de un tugurio del que éramos habituales, tratando de encontrar una justificación razonable a salir de copas como si fuese viernes, pero a golpe de martes.

Yo intentaba hacerme un *peta* sin llamar demasiado la atención –liando bajo la mesa– mientras Lou *fichaba* a todas y cada una de las *tipas* que había en el local mientras canturreaba *por lo bajini* «Mierda de ciudad» de Kortatu, que en ese momento sonaba a todo meter en el garito.

Entonces, como quien no quiere la cosa, se giró hacia mí y me dijo:

–¿Tú habías caído alguna vez en que la vida es como una final de la Copa del Mundo[1] en la que siempre pierdes?

–Igual no deberías seguir fumando –le contesté con una medio sonrisa.

–Te lo digo completamente en serio –me respondió. Y como quien no quiere la cosa, comenzó a desarrollar esa teoría tan particular que tantas veces he utilizado, desde aquel día, a lo largo de mi vida.

–Como en una final de la Copa del Mundo –decía mientras me quitaba el recién estrenado porro de entre las manos–, durante la primera parte corres más que nadie, le protestas todo al árbitro e incluso te permites tirar algún caño en zonas peligrosas. Y lo haces porque confías plenamente en los diez tipos que juegan contigo y porque aún piensas que, jugando así de bien, es imposible perder –después de una larga calada prosiguió con su explicación–. Entonces llega el descanso, que coincide más o menos con los treinta y tres años –me decía–, y comienzas a darte cuenta de que ganar, lo que se dice ganar, va a estar muy caro. Entonces te concentras en hacer las cosas como crees

1 De fútbol, claro que de fútbol. No va a ser de esquí alpino.

que debes: corres solo los balones que crees que son importantes, dejas de protestarle todo al árbitro y en vez de caños, despejas el balón sin contemplaciones cuando la situación es un poco comprometida.

Tras apurar de un sorbo el *culín* de Cutty Sark que le quedaba y pedirle otro con un gesto al *camareta*, Lou continuó desgranando su teoría.

–Alrededor del minuto sesenta –decía con rostro serio–, ya eres plenamente consciente de que no vas a ganar el partido, pero no se lo dices a nadie por no amargarle la vida. Es el momento de las faltas tácticas y de jugar mirando el reloj.

A veces –me decía–, incluso tu equipo logra marcar un gol y se te vuelve a pasar por la cabeza que aún puedes ganar, pero en el fondo sabes que no es así y empiezas a pensar que llegar vivos a la prórroga sería todo un logro. Muchos equipos –me explicaba– pierden durante los noventa minutos y nunca llegan a jugar la prórroga ni los penaltis. Eso sí, incluso entre los que pierden durante el tiempo reglamentario, hay de quienes te acuerdas y de quienes no. Que no es lo mismo sufrir un *Maracanazo* como el de Brasil en 1950, que perder una final cuando nadie contaba contigo en ella.

Si tienes suerte y has jugado bien tus cartas, llegas a los sesenta y cinco *palo*s. En consecuencia, te toca jugar la prórroga. Y ahí es cuando el cansancio se te viene encima de repente. El tiempo pasa de forma distinta y las caras de tus compañeros te dicen claramente que ellos también saben que no vais a ganar.

Pocas finales de la Copa del Mundo han llegado a la prórroga –comentaba mientras nos servían *la de marchar*–, pero menos todavía a los penaltis. Llegar a los penaltis es muy complicado, pero una vez que estás allí ya dan igual cosas como el cansancio o lo bien o mal que hayas jugado. La tanda de penaltis es el final y aunque las hay que duran bastante, lo normal es que se resuelvan en cinco lanzamientos por equipo.

A pesar de todo, aun sabiendo que el final está a la vuelta de la esquina y que vas a perder –siempre pierdes–, hay formas y formas de tirar el penalti –decía en tono cómplice–. Puedes hacerlo a lo Panenka –y que las siguientes generaciones te recuerden como un *crack*–, a lo Roberto Baggio en 1994 –con mucha clase, pero fuera–, o puedes fallarlo sin más, asegurándote el anonimato en pocos años.

Y es que al final descubres –me dijo mirándome

fijamente a los ojos mientras *achuchaba* la *chusta* del peta–, que sí hay una forma de ganar el partido: que el siguiente que lo juegue recuerde cómo lo jugaste tú.

Compostela, 2 de febrero de 2021

Epílogo III

Isabel Cernadas López

Licenciada en Física por la Universidade de Santiago de Compostela. Experta en Energía Eólica y una enamorada de Cuba, Escocia y los molinos de viento.

Mientras discutía conmigo misma sobre si sería capaz de escribir algo para ti o sería una gallina perezosa y me rajaría, buscaba en mi memoria un tema que mereciera la pena sacar a la luz. Como si se tratase de una redacción del colegio o un examen sorpresa. Ya sabes que nunca me han gustado los exámenes, ni siquiera los programados, así que estaba un poco tensa intentando ser original, rompedora, *chic*, vamos, ¡que fuera la leche! Imagino que estarás pensando, pues anda que no habrá temas… Nada, no venían a mí las musas. De repente recordé «el camino Jedi» y no pude menos que sonreír, igual que supongo estarás haciendo tú ahora. Ya ves, ni organización de eventos, ni copas, ni ligues, no bailes y por supuesto no resacas, ninguno de nuestros temas favoritos. Tampoco los días de estudio en la biblioteca venían a mí como un reclamo sobre el que escribir. ¡Perdón! No todo era salir, beber…

Volvamos a las musas y los paseos por «el camino Jedi», ¿te acuerdas? Ahora puedo ver tu sonrisa. Era un camino que solíamos hacer a menudo cuando éramos okupas en la «casa de la habitación del hidalgo». Yo salía de mi vivienda oficial, pasaba por tu casa y cruzábamos el parque mientras charlábamos tranquilamente de cualquier cosa, podía ser una estupidez o algo más profundo. En ese momento estaban reponiendo en el cine las películas de *Star Wars* y de ahí el bautizo, no recuerdo cómo fue esa conversación, pero seguro que ese día estábamos en modo banal. Tú y yo nunca fuimos de tener prisas, íbamos tranquilamente disfrutando de la charleta y de las risas.

Pensando en cuántas veces hemos disfrutado de paseos como el Jedi, me doy cuenta de que nos paramos delante de un escaparate en Glasgow, te reíste de mí porque me gustaba una falda y ese mismo día pediste perdón por la reina, ¡había que ver la cara de la camarera! Cruzábamos el puente camino del Central para tomar unas pintas y me decías que se inventaban el idioma, ¡su idioma!, no el nuestro.

–¡Se lo inventan, Isa! ¡Se lo inventan!

Paseamos por la playa mientras veíamos zarpar del puerto de Marín a «Elcano». Salimos del Furacán por la mañana para volver a casa mientras intentábamos entender por qué la gente mayor madrugaba tanto para ir a la compra. Tranquilo, aún no hemos llegado a ese momento, estamos todavía en edad casadera y nos gusta dormir.

No creo que en conjunto hayamos cambiado mucho desde aquellos días, yo sigo vistiendo de colores, tú sigues llevando las manos a la espalda y haciendo que nos paremos en medio de la conversación para darme una explicación mientras nos miramos a la cara, saboreamos las palabras y con un vistazo rápido vemos qué pasa alrededor. Quizá, si nos ponemos estrictos, alguien podría decir que hay un cambio en nuestro perfil de Jedis, pero eso le pasó incluso a Yoda.

Uno de los temas de nuestros paseos solía ser Cuba y lo que me gustaría ir; tú insistías en que te acompañase en uno de tus muchos viajes, en lo que haríamos allí, en todo lo que queríamos ver. El día llegó, recuerdo los preparativos, los nervios desde el primer momento en que el viaje se planteó como una realidad, ¡y fuimos a Cuba! Sin duda los mejores paseos los hemos dado allí. ¡Nuestra querida Cuba! Recorrimos el Malecón, recordando a tanta gente que se fue pensando en un futuro mejor y que, en realidad, no sabía lo que le esperaba al otro lado. Caminamos bajo la lluvia visitando la universidad. Cienfuegos podría ser mi sitio en el mundo, ¡qué preciosidad! Allí vimos un nacimiento, con su musgo, sus Reyes Magos…

¡Cuánto aprendí en ese viaje! Fue una experiencia simplemente genial, conocer la realidad del pueblo cubano, vivir con ellos durante esos días fue revelador. Nunca podré agradecerte lo suficiente que me hayas arrastrado a esa aventura. Sonrío acordándome del encontronazo en la Plaza Vieja, ¿quién iba a esperar que te encontrarías con alguien conocido? ¿Qué posibilidades había? Pocas, muy pocas, y sin embargo…

–Isa, tenemos un problema.

Tú no podías tener los ojos más abiertos y yo no podía parar de reírme.

Piel de gallina cuando visitamos playa Girón o Santa Clara, ¡qué orgullo de pueblo!

No querría olvidar ninguno de los paseos, el empedrado de Trinidad, la visita a la embajada, ¡qué vistas! La noche con la Virgen del Cobre, ¡qué divertido! El concierto en el Submarino Amarillo... Con especial cariño recuerdo el trayecto que hicimos, esta vez en un almendrón, camino del cañonazo cantando «Calabaza, calabaza…». Íbamos con nuestra familia cubana y con el «goldo» y el «chiquitico», y disfrutamos cada segundo de esa tarde. Ese día bebimos en honor a los muertos.

Lo que es realmente sorprendente es que no hemos estado juntos en Marín, ¿cómo puede ser? ¡Hay que ponerle remedio inmediatamente! Próxima aventura: Marín, Galicia.

Epílogo IV

Gonçal López Nadal
Profesor Emérito de Historia Económica
en la Universitat de las Illes Balears y
Profesor Visitante en las Universidades de La Habana
y de Oriente (Santiago de Cuba).

Jueves, 15 de septiembre de 2003 hacia las cuatro de la tarde. Aeropuerto Internacional de Madrid-Barajas (Hoy Adolfo Suárez), terminal 2, puerta de salida 26.

En la larga cola del vuelo de Iberia con destino a La Habana observo a un grupo de unas veinte personas bastante bajitas de color aceitunado que hablan lenguas extrañas. Afino el oído intentando saber su procedencia. Imposible. Finalmente decido preguntarles; lo hago, obviamente, en inglés.

–Somos de Timor Leste. Hace días que estamos viajando. Salimos de Dili hacia Hong Kong; de ahí a Londres. Hoy hemos llegado a Madrid. Y ahora a Cuba.

–Y de allí, ¿adónde vais?

–No. Allí nos quedamos. Estaremos cuatro años.

–¿Qué vais a hacer?

–Estudiar medicina.

Domingo, 26 de septiembre entre las 15:30 y las 19:30, Aeropuerto Internacional Antonio Maceo, Santiago de Cuba. El aerobús que debe llevarme a La Habana va con retraso. Nadie explica nada. Pasan las horas; apenas hay quejas. Es habitual. En la sala de espera ante un par de filas con asientos metálicos, una televisión de pared suelta ideología con frenesí: más de tres mil médicos de toda América (Estados Unidos incluido) acaban de graduarse en la Escuela Iberoamericana de Medicina, en Santafé, la costa oeste de La Habana. Pienso en los timorenses, estudiantes en esta u otra escuela de Medicina de las muchas que riegan el país cuando, de golpe, empiezan a aparecer otras gentes, delgadas, altas, caras limpias y negras. Hablan *creole*, un *patois* africano con tonalidad francesa. Adivino su origen: Haití, parecen tímidos, apenas acarrean nada. Me acerco y pregunto, ahora en francés.

–Vamos a La Habana, pero puede que nos manden a otro sitio.

–¿Estaréis mucho tiempo?

–Unos tres años. Nos hemos de graduar de agricultura.

–¿Habláis español?

–*Pas encore.*

De eso hace ya más de diecisiete años. Durante ese tiempo se habrán repetido los viajes de muchos jóvenes de países tan dispares como Malawi, Yemen o El Salvador. Yo mismo me he topado con algunos inmigrantes, mayormente africanos, desde en un hotel de Guantánamo hasta en los mismos almendrones que cruzan las arterias de La Habana, o en la beca de Alamar donde hacen piña, bailan y se empatan con propias y extrañas. Recuerdo igualmente a una estudiante bengalí que en el verano del 92 me acompañó a dar una conferencia en Jadavpur, cerca de Calcuta; su español era abiertamente cubano por haber estudiado la lengua en la isla caribeña. Cuba acoge y forma. En su otro extremo, sin embargo, se halla la legión cubana en el exterior. Y no solo de médicos se compone. La diáspora, de hecho, no los contempla, aunque algunos galenos aprovechan para cruzar fronteras y convertirse en exiliados de la Revolución. El flujo migratorio sigue activo, pero cada vez son menos los que entran y más los que salen. Y es que, como tantos solares de los circuitos no turísticos de La

Habana, el bastión de un mundo alternativo se está derrumbando. Sin su líder máximo se antoja difícil la preservación del régimen aupado a partir del triunfo de los barbudos de Sierra Maestra. *«¿Por qué no me enseñaste cómo se vive sin ti*?», reza el tango. Sin carisma, sin fe, los días de la Revolución deberían estar contados. Eso hace rato que se escucha, pero nunca llega a ocurrir. A principios de los noventa, con todo en contra, un periodista argentino vaticinó la hora final de Castro. Casi treinta años después aún resiste la dinastía. Acertó en todo menos en el título, apostaba hace cinco años un cubano jodedor, listo y bueno. Y así estamos.

Resulta difícil dejar de oír hablar de Cuba. Su singularidad sin parangón es algo más que un tópico. Como ese abanico que aglutina, encierra y expulsa un sinfín de sensaciones, que oscilan entre el goce y la exasperación, apenas se adivina el término medio que modere la exageración. Los cubanos o no llegan o se pasan, profetizaba el dominicano y general mambí Máximo Gómez. Hoy, en los tiempos de la pandemia global, con eslóganes imposibles de digerir, la picaresca supera a la que su madre patria sufriera en su mal llamado siglo de oro. *Yatusabes*. Dijo alguien. Y todos contestaron *Yatusabes*. –¿Cuánto durará eso? –dicen que preguntó Ché a Fidel. –Cuando en la Yuma haya un presidente negro y el papa sea argentino –dicen que respondió el comandante sin imaginarse que tal imposible acabaría por prosperar y que él mismo, enfrascado en un chándal de Adidas, lo viviría rodeado de los suyos sin apenas poder hacer nada. Pero ni eso tumbó la resistencia de la isla a integrarse en la aldea global. Ahí sigue el gnomo, imbatible, frente al coloso (Trump) ya, por suerte, caído en desgracia. «Cuba no es el Congo». Otra de las sentencias memorables de quien forjara un espacio vedado a los gringos, a menos de cien millas de sus manglares. La apuesta era/es ciclópea. El reto, todavía real. Y el coste, brutal. ¿Bloqueos? *Haylos*. Sus derribos no son un imposible. Pero no a todos les conviene. El cubano, sostienen, no retrocede ni para coger carrerilla. He aquí el dilema, el ser o no ser en esta Numancia del siglo XXI. Ante ello, se antoja complicado iniciar el reseteo, ese *zapping* que ayude a conciliar a los cubanos de dentro y de fuera. Por ello, mientras unos tratan de exprimir el limón hasta dejarlo bien sequito, otros acuden a la única estrategia viable: la huida hacia delante. Hace años, en Centro-Habana, puro Haití en el corazón de la capital, una viejita colgó un letrero: «*Pemmuto pa Venezuela*». Pasó un día y, tras aviso de los CDR (Comités de Defensa de la Revolución) de la cuadra, la PNR (Policía Nacional Revolucionaria) se personó en el lugar. Muy delgadita y con un ojo cerrado espetó que solo así, con eso de la Operación Milagro, lograría recuperar la vista. En nada la operaban.

Son muchos y difusos los argumentos de tanto atractivo, una casuística tremendamente compleja que converge en una mezcolanza, un ajiaco, que solamente los nativos podrán digerir. A la desaparición del pasado más remoto, entiéndase los tainos, siboneyes y guanajatabeyes, y los avatares que fueron forjando una identidad mestiza se añaden sus rasgos antropológicos, para algunos culturales, que marcan actitudes dispares pues desprenden al unísono, tanto la absorción más visceral como el repudio más hilarante. Efectivamente, la seducción roza permanente la exasperación amparada en una dinámica no siempre comprensible. Así, el choteo y la hilaridad conviven hasta confundirse con la sinrazón de una entelequia, si se quiere, hasta ideológica. Un guajiro convence a un periodista:

–Todo es cuestión de dialéctica, mi socio: aquellos animales no son camellos, son dromedarios. ¿Y usted sabe por qué? Porque solo tienen una lomita.

No caben más razones. De lo contrario uno se arriesga a no entender nada. Y es que en esta roca acaimanada y anclada en el Caribe no es fácil agarrar el toro por los cuernos. Al forastero, por mucho que se obstine, le cuesta hablar en cubano. Al pan, pan y al vino, vino. Y ¡ya! Eso quisieran los más, pero hay mucho comemierda y los camajanes, saticos, saben que existen otros vericuetos para resolver. «*Quetevoyadecirquetunosepas*». De nuevo la dualidad entre lo real y lo irreal, lo que encierran los pocos carteles que, con el marabú, acompañan a los que atraviesan la isla buscando sus señas de identidad. Vana misión. Lo mismo sirven para un roto que para un descosido. Discernir no es sinónimo de evangelizar. Aquel rosario de apologías antiimperialistas, aun imperante en los círculos infantiles, custodiadas por el busto, cetrino, del apóstol, empieza a resquebrajarse.

–*Asere*, ¿qué tú vas a hacer de mayor?

–Irme para la *yuma*.

El que no tiene, quiere. Y el cubano se pirra por consumir. En sus paseos por los Centros comerciales de Mallorca, obscenamente atiborrados de todo, Marlen se interroga sobre la crisis, imparable, del capitalismo. –¿A dónde vamos a llegar?

Hoy, tras larga espera y algún desespero, recordando lo difícil que resultaba elegir entre montañas de enseres, se entera de lo que habrá entrado hoy para comprar y si todavía le alcanzará algo para ella: algo de yuca, unos platanicos, puré de tomate, latas de atún, galleticas… Está visto que los tiempos de la covid no son nada halagüeños para la otra economía, la teóricamente planificada, donde la voluntad política se erige como principal vector para repartir los recursos. Y ¿el mercado? Eso va ya en MLC (Moneda Libre Convertible). ¿Libre? ¿Convertible? Hace ya más de veinticinco años un periodista de Prensa Latina, en conferencia en nuestra universidad, enfatizaba sobre el giro prodigioso dado por la Revolución.

–El viraje del 59 es impresionante y llega a los 360 grados –su tremendo dislate está cercano a hacerse realidad. Santiago Louzao Martínez, LOU, ha redactado unas páginas llenas de palabras y amor. Son, como en la canción de Serrat, sencillas y tiernas. Tal vez demasiado. Muestran su adolescencia y lo que vino después. Nada puedo señalar sobre las correrías de primera juventud en tierras gallegas. Sí sobre la Cuba donde vive un tiempo que le permite aspirar sus problemas y sus bondades. Es la Cuba que inicia su cuesta abajo tras haber podido «disfrutar» de una sovietización tropical en la que, como dirían después, «vivíamos bien y no nos dábamos cuenta». Efectivamente, el *desmerengamiento* de la Unión Soviética y el fin de la Guerra Fría llegó sin apenas estar preparado para ello. Así se la encuentra Santiago donde logra traspasar el *cul de sac* de su pasado dejándose sumergir en este mundo aparte que es la isla. Esta se describe a través de los mil y un frescos que se abren desde su atalaya habanera. Ahí hay de todo, como en la viña del señor, y de nada pues la salida precipitada de los bolos los ha pillado sin otra alternativa que la tan denostada apertura. Recuerdo mi primera visita a La Habana; fue a finales del año 93, poco después de legalizarse el dólar. Una mañana visité las tiendas de los hoteles del Vedado.

–¿Qué tú buscas, mi vida? Aquí hay de todo –sostiene riendo la muchacha

–Unas compresas.

–¿Unas íntimas?

–Sí, eso.

–Ay, mi amor. Es lo único que no tenemos.

Todo se suple con la sonrisa picante y el *sateo*. Santiago pronto se dará cuenta. Y aprenderá a moverse, a coger calle, a coger lucha y a discernir entre las dádivas y las exigencias que impone la férrea disposición a mantenerse en pie. Vive la premura, la urgencia del cambio, una insoslayable convivencia con el mercado y el capital que se quisiera provisional en aras a una futura vuelta al redil. Santiago se va antes que llegue el relevo, antes de que aquel patrón de guerrillas se reencarne en un nuevo caudillo, venezolano, y como tal, ahogado en y por el oro negro. Entonces se recogerán velas y con el combate de las ideas se abordará el nuevo siglo y milenio. Santiago, sin embargo, lleva tiempo ya fuera de Cuba. Tras darlo todo por perdido, a partir del equívoco que lleva a Yesenia a meterse en una balsa y partir hacia la tierra de la gran promesa, todo se desvanece. Solo queda esperar el milagro. Cachita y Yemayah lo saben y hacen lo propio.

De Galiza a La Habana. Un recurso redentor. ¿Cura Cuba? Durante un tiempo, apenas dos décadas, India fue hospital de occidentales desvalidos tras sucumbir nuestro viejo imperio en el *American Way of Life*. Entre el inefable Maharisi Yogui y el fantasma embaucador de Oso acabarían con tan fatua trascendencia mental. Después, ya con la URSS en el otro mundo, el enclave antillano surgió como antídoto a otros males, mayormente vinculados a la justicia social. La respuesta, aquí, va por otros derroteros. El retorno al pasado y el descubrir las bondades del anclaje en el tiempo tiene sus ventajas. Y sus riesgos. Pero ni Santiago es un resultado de «pajas de coco» ni La Habana un *refugium pecatorum*. El mozo precisa de un redentor que le depare nuevos presentes. Y la ciudad de acogida le da lo que puede. Que no es poco. Santiago lo sabrá reconocer y, pese a toparse con arbitrariedades difíciles de eludir, el muchacho logra el antídoto a su trauma. No obstante, los delirios no permiten aplatanarse. Quedan sorpresas. Cuba es una chistera de la que sale una pila de conejos. Algunos, incluso, buscan un escape a un paraíso cuyas perspectivas se antojan una quimera, máxime cuando está a punto de lograr el retorno a los orígenes. Las balsas son su peor reclamo. Y, de nuevo, la mar. Siempre la mar. El final feliz, postizo o no, es la respuesta al dilema. Y el otro yo, su autor, enamorado de la isla, la ansía, la busca, la necesita.

Epílogo V

Jorge Franco Bustos

Diplomado en Turismo, Máster en Aeronáutica, autor de los libros: ***Los Suaves somos todos***, ***Somos los Platero*** y ***10 años de Vueling***.

Dos mundos, dos países, dos culturas que se entrelazan en este libro para deleitarnos con una historia llena de rebeldía y entendimiento. Tratado con un tacto y una ternura de un protagonista que lo siente como unas vivencias plenas. El autor nos traslada a unos años entrañables con una visión en el primer mundo de cómo se ha vivido, y la realidad dura de ese segundo mundo como es el de Cuba. Unos primeros años de aprendizaje, libertad y la forma de vivir de un adolescente en Galicia, en contraste con la realidad en Cuba en la que el ingenio prima en la vida y la felicidad.

Es un libro que nos aporta datos concretos de cómo fueron aquellos años en Galicia, llenos de emoción, ternura, amistad, coqueteo con las drogas y las marchas necesarias para cualquier adolescente de aquella época. Locuras y viajes que hacen los jóvenes en España, con unas ganas de vivir interminables que se reflejan en estas historias llenas de anécdotas y verdadero fervor por sus amigos, que se pueden considerar una segunda familia para cualquier quinceañero. El viaje de un estudiante migrante gallego en Cuba hace que la visión de una persona se transforme para siempre, ver esas dos realidades hace que uno se convierta en un ciudadano del mundo, es una de las mejores lecciones de la vida que puede tener cualquier persona.

Este libro es un canto a la libertad transgresora que podría tener cualquier joven en aquella época, con dos formas de vivir muy diferentes pero que, a la vez, no son tan lejanas y comparten muchos puntos en común. Seguro que este libro no dejará indiferente a ningún lector.

El autor ha puesto todo su corazón y pasión en esta ópera prima, y le deseo mucha suerte en sus futuras obras.

Epílogo VI

Yusimit Pelayo Dueñas
Graduada en la E.N.A. de La Habana,
madre valiente, maestra y artista.

Wow!!! He aquí donde se aplica, que por muchos años nunca llegas a conocer a una persona del todo… Hablo desde mi relación con el escritor de este interesante libro. ¡MI GALLEGO…!, como le llamamos en mi país (Cuba) a los españoles en general, sean de la parte que sean pero este sí es mi «gallego original». Conocerlo fue para mí una de las mejores cosas que me han ocurrido desde que resido en España hace trece años, es difícil pillarle la expresión de su rostro, automáticamente te hace respetarlo y mantener una distancia, hasta que te toma el pelo, pero ¡por puro placer de sentir mi acento cubano y las típicas frases de la isla!

En este libro he descubierto facetas suyas que desconocía por completo, que ni podría llegar a imaginarme que habría vivido. ¡Orgullosa de él como persona, hombre y padre! Alucinada por su devoción y conocimiento sobre mi país, es una sensación increíble cuando alguien de fuera de la isla puede llegar a saber tanto de ella y desear volver sin dudarlo. Eso también en ocasiones da miedo, no miedo concretamente, sino la sensación de tristeza porque es alguien que es capaz de despertarte eso que solemos apartar los inmigrantes, ese trocito que tenemos que dejar de nuestro país al margen. Para poder adaptarnos a las nuevas circunstancias, la mayoría de las veces siempre suelo cambiar de tema cuando alguien quiere empezar a hablar de mi país, no porque no me guste, simplemente por ese nudo que se me hace en la garganta y por, a la vez, sentir el pálpito de mi corazón, que va a más por el brillo en sus ojos al querer saber más o debatir sobre algún tema.

Agradecimientos

En primer lugar, agradecerle enormemente a toda esa gente que durante la pandemia del COVID-19 continuó trabajando, al pie del cañón, como el personal sanitario y de limpieza, dependientes y reponedores de supermercados, transportistas, bomberos, carteros…

Gracias a ellos pude escribir este libro desde el confinamiento en mi casa.

Eternamente agradecido, a mi madre especialmente, al resto de mi familia y demás personas, que me permitieron llevar esta vida y estas geniales aventuras que, aunque fueron maravillosas, no se las deseo a mis hijos.

A Cuba y a sus gentes, por todo lo que tuvieron que resistir, a toda mi familia cubana por todo lo que me enseñaron para intentar llevar una vida de felicidad y sin preocupaciones vanas.